**Deutsch als Zweitsprache • Deutsch als Fremdsprache**

Für Kinder von 3 bis 10 Jahren

Edgardis Garlin

# Die **KIKUS**-Methode

## Ein Leitfaden

Hueber Verlag

**Abkürzungen**

| | |
|---|---|
| AB | Arbeitsblätter |
| BK | Bildkarten / Bildkärtchen |
| DaF | Deutsch als Fremdsprache |
| DaZ | Deutsch als Zweitsprache |
| etc. | et cetera = und so weiter |
| G | Grammatik |
| H | Hörer |
| HM | Handlungsmuster |
| LH | Liederheft |
| max. | maximal |
| Min. | Minuten |
| o.ä. | oder ähnliches |
| S | Sprecher |
| s.o. | siehe oben |
| s.u. | siehe unten |
| So | sonstige Auswahlvorschläge |
| u.a. | unter anderem |
| usw. | und so weiter |
| W | Wortschatz |
| z.B. | zum Beispiel |



3. 2. 1. | Die letzten Ziffern
2012 11 10 09 08 | bezeichnen Zahl und Jahr des Druckes.
Alle Drucke dieser Auflage können, da unverändert,
nebeneinander benutzt werden.
1. Auflage

Redaktion: Maria Koettgen, Hueber Verlag, Ismaning
Umschlaggestaltung: Typosatz Namisla, München
Zeichnungen: Stefan Merkle, München
Fotos: Christian Podolski, Iffeldorf; S. 37: © Bildunion/ Alexandra Buss
Layout und Satz: Typosatz W. Namisla GmbH, München; Doris Hagen, Hueber Verlag, Ismaning
Druck und Bindung: Ludwig Auer GmbH, Donauwörth
Printed in Germany
ISBN 978-3-19-311431-0

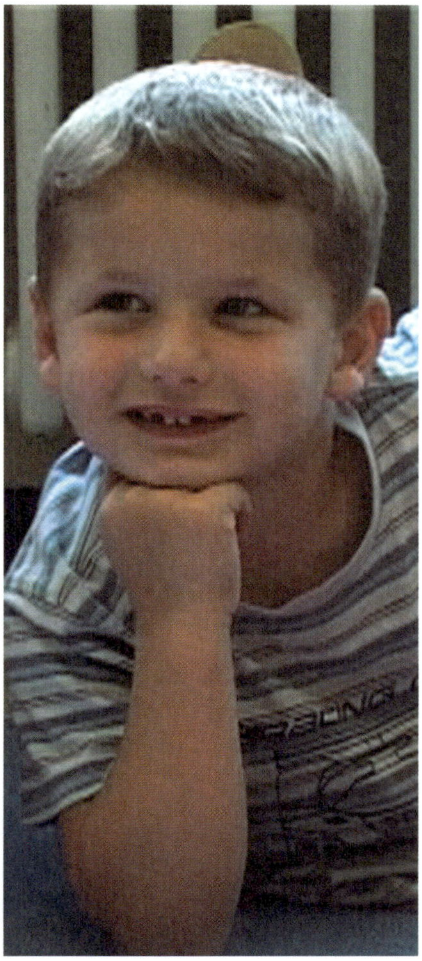

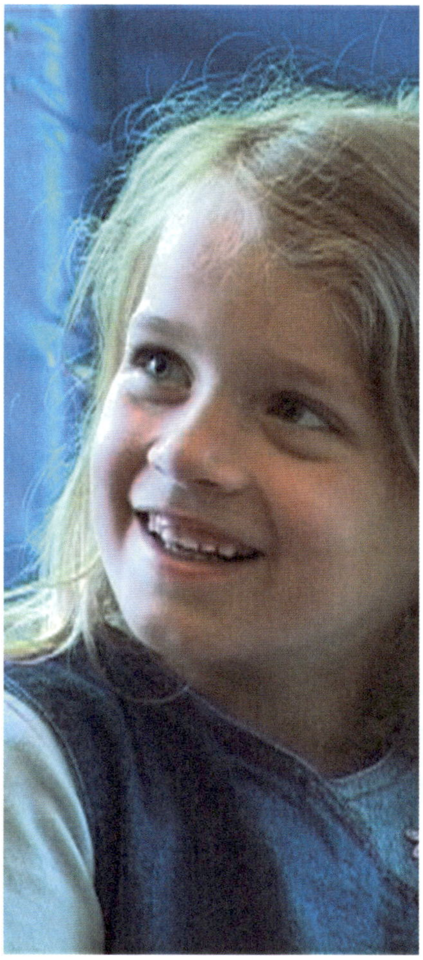

# Herzlich willkommen!

Liebe Leserin,
lieber Leser,

ich heiße Dich willkommen in diesem Buch.

Es hat sehr lange gebraucht, um zu entstehen,
und ohne Dich wird es nicht lange leben.

Ich hoffe und wünsche mir,
dass Du Dich wohlfühlst
mit diesem Buch,
in diesem Buch.

Ich hoffe und wünsche mir,
dass es Dein wird.

Deshalb lasse ich an den Seiten Raum,
damit Du auch Deinen Platz in diesem Buch finden kannst.

Ich freue mich über Deinen Besuch.
Fühl Dich wohl.
Dein Lesen ehrt mich.

Edgardis Garlin

Ich danke dem arabischsprachigen Autor Mohieddin Ellabbad für diese schöne Anregung, den Leser in meinem Buch willkommen zu heißen.

# Danke

Dass ein solches Buch, ein Programm von dieser Komplexität nicht in einem einzelnen Kopf bis ins kleinste Detail ausreifen kann, versteht sich von selbst. Deshalb möchte ich an dieser Stelle allen Menschen danken, die das KIKUS-Programm seit seiner „Geburt" im Jahr 1998 treu begleitet, kontinuierlich unterstützt, mutig erprobt und klug mit weiterentwickelt haben. Ich danke im Besonderen

Gabriele Seifferth, die als Leiterin des städtischen Schulkindergartens an der Silberhornstraße in München das Programm überhaupt ins Leben gerufen hat.

Michael Stenger, dem Leiter der Sprachenschule ISUS in München, für die uneingeschränkte Unterstützung, vor allem in den besonders holprigen Anfangszeiten.

Kathy Hauschild als Leiterin der Abteilung KIKUS Englisch für die langjährige kontinuierlich gute und konstruktive Zusammenarbeit.

Dr. Angela Guadatiello, die als erste „Praktikantin" in das Programm eingestiegen ist und dann die Position der wissenschaftlichen Leitung übernahm, für das konstruktive Zusammenwirken bei der Weiterentwicklung und dem Ausbau des KIKUS-Programms.

Dr. Stefan Merkle, dem Grafiker der KIKUS-Materialien, für die vielen, vielen kreativen Entwicklungsgespräche und die liebevolle Umsetzung meiner Ideen.

Bettina Mühlhofer, die als Referentin der Ausländerarbeit im Evangelisch-Lutherischen Dekanat München das KIKUS-Programm „aus den Windeln gehoben" und es auf eine breitere finanzielle Basis gestellt hat, die eine Ausweitung des Programms zur Folge hatte. Darüber hinaus danke ich ihr auch für die inhaltliche Zusammenarbeit.

Augusto Aguilar und unseren Kindern Luna und Adrian Garlin für die äußerst glückliche Zusammenarbeit bei der musikalischen Umsetzung der *KIKUS Audio-CD Guten Morgen* und für die weitere Unterstützung bei vielen anderen Aktionen.

Eva Kreissl, die als Leiterin des Bereichs Sozialmarketing im Zentrum für kindliche Mehrsprachigkeit e.V. dafür sorgte, dass das KIKUS-Programm finanziell auf eigenen Füßen stehen konnte und nationale Anerkennung erfahren hat.

allen KIKUS-Kursleiterinnen und ehemaligen Praktikanten und Praktikantinnen, die in Pionierarbeit das Programm erprobt und verbessert haben.

last but not least allen Kindern und deren Eltern sowie allen

Einrichtungen mit ihren pädagogischen Fachkräften, die bisher am KIKUS-Progromm teilgenommen haben, für ihr Vertrauen und ihr Engagement.

# Inhalt

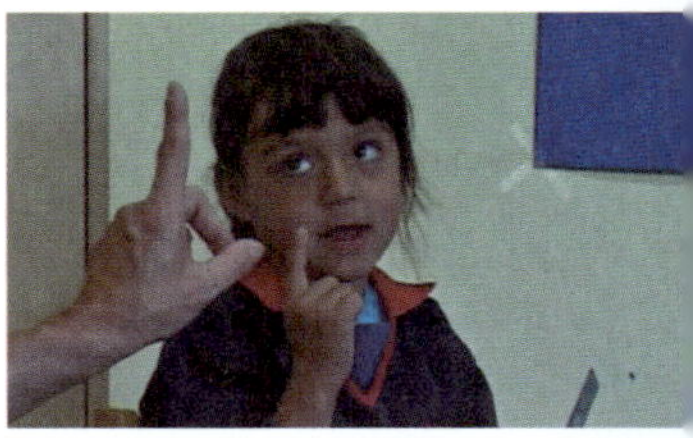

# Vorwort

Die Gedanken und Erfahrungen, die in diesem Buch ihren Platz finden, warten eigentlich schon lange darauf, niedergeschrieben zu werden. Genau jetzt scheint mir der richtige Zeitpunkt dafür zu sein: Vor zehn Jahren hat die Planung und Entwicklung von KIKUS begonnen. So fließt in dieses Buch mein eigenes zehnjähriges Praxiswissen ein, aber auch das Feedback vieler pädagogischer Fachkräfte, die dabei geholfen haben, das KIKUS-Programm zur Sprachförderung Deutsch (+ Erstsprachen) kontinuierlich zu verbessern. Deshalb möchte ich an dieser Stelle vor allem auch sie und ihre Erfahrungen mit dem KIKUS-Programm in den Vordergrund stellen.

Erzieherin Iris Honikel, die am KIKUS Fortbildungsprogramm teilgenommen hat:
„Das gesamte KIKUS-Programm, sowohl in der Theorie als auch in der Praxis, gefiel mir sehr gut – ich fand es leicht verständlich und interessant aufgebaut. Ich fühlte mich sowohl theoretisch als auch praktisch liebevoll geführt und gut ausgebildet. Alle Kinder der KIKUS-Kurse haben in diesen Monaten sprachlich und sozial sehr große Fortschritte gemacht. Die KIKUS-Sprachförderung hat in unserer Einrichtung meiner Meinung nach einen unverzichtbaren Stellenwert bekommen. Ich denke, dass jede Gruppenleitung in unserem Haus eine KIKUS-Fortbildung machen sollte, da KIKUS so in den normalen Gruppenalltag übergreift und dies allen Kindern zugute kommt."

Andere pädagogische Fachkräfte, die am KIKUS Fortbildungsprogramm teilgenommen haben (Auswertung von Befragungen nach 6 und 24 Monaten):
Viele der Befragten konnten nach sechs Monaten feststellen, dass das KIKUS-Programm das Selbstbewusstsein der Kinder gefördert und ihr Sozialverhalten gestärkt hat. Dadurch leistet die KIKUS-Methode einen großen Beitrag zu einer besseren Intergration der Kinder in die Gemeinschaft.

„Die Wirksamkeit der Sprachförderung auf die Kinder war schon nach den ersten Sitzungen festzustellen. Die Kinder wurden sich immer mehr ihrer Zweisprachigkeit bewusst und gewannen dadurch an Selbstvertrauen. Die Lernbereitschaft wurde so bei allen sehr gut gefördert. Interessant war für mich, die Fördermöglichkeiten, auch bei unterschiedlichem Wissensstand und unterschiedlichen persönlichen Möglichkeiten der Kinder, zu beobachten."

„Große Fortschritte waren bei den Kindern bemerkbar, sowohl im sprachlichen Bereich (Phonetik, Wortschatz, Handlungsmuster, Bewusstsein über Zweisprachigkeit) als auch im sozialen Bereich (sprechen lauter, sind präsenter)."

„Die Kinder haben gerne mitgemacht, haben sich nach einiger Zeit geöffnet und sind in den jetzigen Stunden kaum mehr zu bremsen. Sie steigen gut auf die verschiedenen Themen ein und erzählen von sich aus sehr viel."

„Das pädagogische Personal in den Gruppen nahm einen deutlich bewussteren Gebrauch der deutschen Sprache bei den KIKUS-Kindern wahr."

Die Mehrheit der Teilnehmer/innen konnte sehr viele Anregungen und sprachliche Schwerpunkte aus der KIKUS-Sprachförderung für die Gesamtgruppe übernehmen.

Auch nach 2-jähriger Teilnahme am Programm bewerteten die Befragten die KIKUS-

Methode insgesamt als sehr gut. Der Großteil hatte in seiner jeweiligen Einrichtung die Erfahrung gemacht, dass das KIKUS-Programm bei den Kindern, den Eltern und dem Einrichtungspersonal durchweg positiv aufgenommen wurde. Allgemein gut bewertet wurde, dass die KIKUS-Methode die Eltern in die Förderarbeit mit einbindet und dass die KIKUS-Förderung den Wert und die Wichtigkeit der Erstsprachen der Kinder berücksichtigt.

Viele der Teilnehmer/innen äußerten sich auch zum KIKUS-Lehrmaterial in seiner Anwendung. Das ‚Grundmaterial' sei beispielsweise so gut aufgebaut, dass man mit wenig gekauftem Zusatzmaterial auskommen könne. Die Materialien motivieren die Kinder sehr. Besonders überzeugend fand man am Konzept, dass die Erstsprache des Kindes durch die KIKUS Arbeitsblätter einbezogen werden kann.

Dem zuvor Gesagten möchte ich als Begründerin der KIKUS-Methode eigentlich gar nichts hinzufügen – außer natürlich, dass mich die Entwicklung, die das Programm genommen hat, sehr, sehr glücklich macht. Sie zeigt, dass sich die intensive Arbeit gelohnt hat und weiterhin lohnen wird. Unsere Gesellschaften werden zunehmend von Mehrsprachigkeit geprägt sein, was ich persönlich gut finde. Dennoch gehören die Amtssprachen natürlich zu den Basiskompetenzen, die ein Kind erwerben sollte. Sprache ist die Grundlage für Bildung und Bildung ist die Grundlage für eine gesunde Gesellschaft. Dafür, dass jedes Kind die gleichen Chancen bekommt, seine Gesellschaft aktiv mitzuprägen, werde ich weiter an der Basis „Sprache" kämpfen.

Noch eine letzte persönliche Anmerkung: Den vorliegenden Leitfaden habe ich aus meiner vielfältigen Praxis- und Fortbildungserfahrung heraus verfasst und an manchen Stellen habe ich mich gefühlt, als würde ich direkt mit Fortbildungsteilnehmer/innen sprechen. Ich hoffe, Sie können die gelegentliche direkte Ansprache so positiv annehmen, wie sie gemeint ist.

Ich wünsche Ihnen viel Freude beim Lesen und – natürlich – bei der Sprachförderung!

Edgardis Garlin

# 1 Einführung

## Was ist KIKUS?

KIKUS ist die Abkürzung für KINDER IN KULTUREN UND SPRACHEN (ursprünglich einfach: Kinderkurse). Es ist ein ganzheitliches Programm, das die frühe Mehrsprachigkeit von Kindern anregt und fördert. Das Programm umfasst

- eine effektive Methode zur gezielten, spielerischen Sprachvermittlung für Kinder in der Kleingruppe
- spezifische Lehr- und Lernmaterialien
- das Einbeziehen der Eltern im Sinne einer mehrsprachigen Erziehungspartnerschaft
- Fort- und Weiterbildungsmodule für pädagogische Fachkräfte

Die KIKUS-Methode kann für die Vermittlung aller Sprachen angewandt werden (z.B. KIKUS Deutsch, KIKUS Englisch, KIKUS Türkisch, KIKUS Chinesisch etc.), da sie in erster Linie auf der Vermittlung mündlicher Sprache basiert. Schriftliche Elemente können dann spezifisch ergänzt werden. So ist es sogar möglich, die KIKUS-Prinzipien auf den Fremdsprachenunterricht für Jugendliche und Erwachsene zu übertragen.

Erstsprache = Muttersprache = Herkunftssprache = Familiensprache

In diesem Handbuch geht es vor allem um KIKUS Deutsch, um **Deutsch als Zweitsprache (DaZ)** und um **Deutsch als Fremdsprache (DaF)**, für Kinder nicht-deutscher Erstsprachen im Alter zwischen drei und zehn Jahren.

### Exkurs: Was ist der Unterschied zwischen „DaZ" und „DaF"?

DaZ setzt voraus, dass Deutsch die – oder zumindest eine – Verkehrssprache der gesamten Gesellschaft ist, die jeder in hohem Maße beherrschen sollte, um aktiv am Alltagsleben teilnehmen zu können. Wenn ein Kind in einer Familie aufwächst, in der gar kein oder nur sehr wenig Deutsch gesprochen wird, ist die Förderung durch die Institutionen wie Kindertageseinrichtungen und Schulen existenziell erforderlich.
DaF bezeichnet in erster Linie den Deutschunterricht im Ausland, wo das Deutsche nicht die Sprache der gesamten Gesellschaft ist, sondern eben eine Fremdsprache (wie in Deutschland z.B. Englisch und Französisch). Die Motivation Deutsch zu lernen kann sehr unterschiedlich sein. In den seltensten Fällen ist sie existenziell.

An vielen Stellen in diesem Buch geht es spezifisch um die Förderung von Kindern nicht-deutscher Erstsprachen im deutschsprachigen Raum, also um Deutsch als Zweitsprache und um das sogenannte Programm *KIKUS Sprachförderung Deutsch (+ Erstsprachen) im Vor- und Grundschulalter.* Es ist in seiner Struktur auch für ausschließlich deutschsprachig aufwachsende Kinder geeignet, die sprachlich extrem schwach sind. Auch Kinder mit Sprachentwicklungsverzögerungen können am KIKUS-Programm teilnehmen, müssen aber zusätzlich unbedingt therapeutisch betreut werden.

Ziel von KIKUS Deutsch ist es, die Kinder so früh wie möglich – und so lange wie nötig – **spielerisch** und **stressfrei**, aber **gezielt** und **systematisch** in ihrem Erwerb der deutschen Sprache zu unterstützen. Gleichzeitig und gleich wichtig wird durch eine angeleitete Eltern-Kind-Zusammenarbeit der Erwerb der Erstsprachen gefördert.

## Wo kann KIKUS durchgeführt werden?

Auf der ganzen Welt kann man Kinder nach der KIKUS-Methode im Deutschen und in ihren Erstsprachen fördern.

Voraussetzungen: Die Sprachförderung nach der KIKUS-Methode kann überall dort durchgeführt werden, wo

- eine **Kleingruppe** mit maximal 8 Kindern gebildet werden kann
- eine **qualifizierte Kursleitung** zur Verfügung steht
- ein **Raum** zur Durchführung der Sprachförderung vorhanden ist
- eine feste **Zeit** dafür eingeplant werden kann, die von allen respektiert wird
- **Kontinuität** gewährleistet ist.

Für den deutschsprachigen Raum gilt: Nach der KIKUS-Methode kann man in **Kindertagesstätten, Grundschulen, Horten** und **anderen Einrichtungen** (z.B. Familienzentren, Kulturzentren, Gemeindezentren, Nachbarschaftstreffs etc.) arbeiten. Die Durchführung des KIKUS-Programms in den genannten Einrichtungen ist bereits vielfach erprobt worden und funktioniert sehr gut.

## Warum ist KIKUS sinnvoll?

Nicht erst die PISA-Studie 2000, sondern bereits die langjährige Erfahrung hat gezeigt, dass viele Kinder mit Migrationshintergrund das Deutsche nicht „so nebenbei" auf der Straße oder in der Kindertagesstätte lernen. Der Erfolg des „beiläufigen Zweitspracherwerbs" hängt von vielen Faktoren ab: von individuellen, sprachlichen, familiären und sozio-kulturellen Faktoren; und auch vom Anteil der Kinder nicht-deutscher Erstsprachen in einer Kindertageseinrichtung. Über eine situative Sprachförderung hinaus – deren hohe Bedeutung hier nicht infrage gestellt wird – ist deshalb auch eine gezielte Sprachförderung in der Kleingruppe notwendig.

Dies gilt, nebenbei bemerkt, für andere Einwanderungsländer und andere Sprachen in gleicher Weise.

### KIKUS ist sinnvoll für den Prozess der Integration

Sprache ist unser wichtigstes Kommunikationsmittel. Damit ist sie eine elementare Voraussetzung für die Integration einer Persönlichkeit in die Gesellschaft. Je früher wir anfangen, diese Voraussetzung beim Kind zu schaffen, desto besser für alle Beteiligten.

Allerdings bedeutet Integration (Einbeziehung) nicht Assimilation (Anpassung). Integration ist ein Prozess, an dem alle Parteien gleichsam beteiligt sind: Kinder, Eltern, pädagogische Fachkräfte, Behörden, ...

Auch dieser Punkt ist auf andere Länder und Sprachen übertragbar.

### KIKUS ist sinnvoll für das Erreichen von Chancengleichheit

Bereits beim Eintritt in die Grundschule wird ein sprachliches und soziales Vorwissen beim Kind vorausgesetzt. Die Leistungserwartung orientiert sich dabei am deutschsprachig aufwachsenden Kind. Ein Spielraum für kindliche Mehrsprachigkeit existiert im deutschen Schulsystem derzeit leider noch nicht. Damit Kinder nicht-deutscher Erstsprachen eine angemessene Chance erhalten, den vorgegebenen Erwartungen zu entsprechen, ist

eine vorschulische Sprachförderung nötig. Hierbei ist es wichtig, mit der gezielten Förderung bereits mit den Dreijährigen zu beginnen. 100 Stunden über drei Jahre verteilt sind wesentlich effektiver als 100 Stunden im letzten Jahr vor der Einschulung, denn Spracherwerb braucht Zeit. Darüber hinaus ist es wichtig, die Sprachförderung so lange fortzuführen, wie sie erforderlich ist.

KIKUS ist sinnvoll für die Förderung früher Mehrsprachigkeit

Im Zuge der europäischen und internationalen Entwicklung wird eine mehrsprachige Früherziehung über kurz oder lang zum Bildungsstandard gehören. Welchen Grund gäbe es, nicht gleich damit zu beginnen? Spielerische fremdsprachliche Förderung bereits im Kindergartenalter kann jedem Kind nur von Vorteil sein. Dies gilt für die Sprachförderung Deutsch wie für andere Fremdsprachen in gleichem Maße.

KIKUS ist ein Sprachförderprogramm, das die Erstsprachen der Kinder systematisch mit einbezieht.

## Wie funktioniert KIKUS?

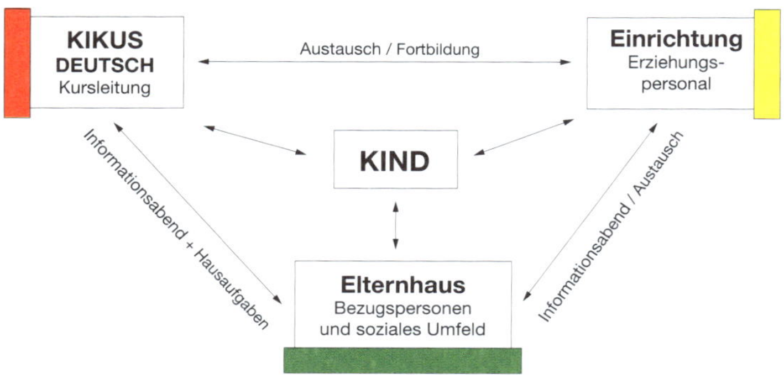


Das KIKUS-Konzept bietet ein einfaches, praxiserprobtes und effektives Modell, um die Kinder beim Erwerb des Deutschen und ihrer Erstsprachen zu unterstützen. Es basiert auf drei „Bausteinen“:

1. gezielte Sprachförderung KIKUS DEUTSCH **in der Kleingruppe**
2. Festigung des Gelernten im **Einrichtungsalltag**
3. Förderung der Erstsprachen durch das **Elternhaus**

Das Kind befindet sich im Mittelpunkt dieser drei Einflussbereiche.

Die Bausteine bilden die Grundlagen der KIKUS-Methode für Deutsch als Zweitsprache/ Fremdsprache und werden in Kapitel 2 ausführlich erläutert.

## Welche wissenschaftlichen Grundlagen hat KIKUS?

Das KIKUS-Programm basiert auf der *Handlungstheorie der Sprache* (Rehbein 1977, Ehlich 1996; siehe Literaturliste).

Hier begreift man Sprechen als eine der wichtigsten Formen des menschlichen Handelns in der Interaktion. Spracherwerb verläuft nicht über den Erwerb einzelner Ausdrücke, sondern über den Erwerb sprachlicher Handlungsmuster, die bestimmte Zwecke erfüllen. Sprachliche Handlungsmuster (z.B. Aufforderung, Frage-Antwort, Erzählen etc.) weisen in verschiedenen Gesellschaften und Sprachen unterschiedliche Formen auf (man denke z.B. an die verschiedenen Varianten des Sich-Begrüßens oder des Schenkens). Im Verlauf des Spracherwerbs werden die sprachlichen Handlungsmuster durch sprachliche Mittel

„gefüllt" und das Repertoire weiter ausgebaut. Dies ist bei der Sprachvermittlung zu berücksichtigen.

Sprachliche Handlungsmuster werden in Kapitel 7 „Was soll ein Kind durch die Sprachförderung lernen" ausführlicher behandelt.

## Wer steht hinter KIKUS und wie wurde es zu dem, was es heute ist?

Das KIKUS-Programm wurde 1998/99 von Dr. Edgardis Garlin aus der Praxis heraus für die Praxis konzipiert. Seitdem wurde es von ihr selbst und einem Team aus Fachkräften für Deutsch als Fremdsprache, Erzieher/innen und Grundschullehrer/innen erprobt und kontinuierlich weiterentwickelt.

Edgardis Garlin studierte Deutsch als Fremdsprache, Spanisch und Völkerkunde an der Universität München und promovierte über die Zweisprachigkeit ihrer beiden eigenen Kinder. Ihre Doktorarbeit *Bilingualer Erstspracherwerb* (siehe Literaturliste) bildete die wissenschaftliche Basis für die KIKUS-Methode.

KIKUS gibt es seit 1998. Zu der Zeit war Garlin an einer Sprachenschule in München tätig. Dort ging eines Tages eine Anfrage eines Münchner Schulkindergartens ein, dessen Leiterin verzweifelt nach Unterstützung suchte: Sie konnte in ihrer Gruppe keine schulvorbereitende Arbeit leisten, weil die Hälfte ihrer Kinder einfach zu wenig Deutsch sprach. Die Pädagogin befand sich in einem konstanten Dilemma: Wenn sie sich auf die gut Deutsch sprechenden Kinder konzentrierte, dann „tauchten die anderen ab" oder „fingen an zu stören"; wenn sie sich auf die weniger Deutsch sprechenden Kinder konzentrierte, fing die andere Hälfte der Gruppe an, sich zu langweilen. Um diesem „Spagat" zu entkommen, suchte sie sich Hilfe von außen. So wurde der erste KIKUS-Sprachförderkurs ins Leben gerufen und von Edgardis Garlin selbst durchgeführt. Garlin dokumentierte ihn in Form einer Pilotstudie. Aus der Pilotstudie heraus entstand ein Rahmenkonzept zur Sprachförderung Deutsch, das bis heute grundlegend für die KIKUS-Methode ist.

Aufgrund der spürbaren Effektivität und Erfolge bei den Kindern, wurden in der Folgezeit von Jahr zu Jahr immer mehr Sprachförderkurse durchgeführt. Der Bedarf an Sprachförderung rückte dann vor allem durch die Veröffentlichung der ersten PISA-Studie 2000 (wieder) ins Bewusstsein der Gesellschaft. Es wurde schnell klar, dass dieser Bedarf langfristig nur durch die pädagogischen Fachkräfte in den Einrichtungen selbst (Kindertagesstätten und Grundschulen) gedeckt werden könnte. In der Konsequenz wurde 2001 das **KIKUS Fortbildungsprogramm** eingeführt.

Parallel zu den Sprachförderkursen und dem Fortbildungsprogramm hat Garlin mithilfe von Dr. Stefan Merkle und Augusto Aguilar die **KIKUS Lehr- und Lernmaterialien** entwickelt. Sie wurden seit Ende 2002 nacheinander publiziert: die *Audio-CD Guten Morgen*, die *Arbeitsblätter für die Eltern-Kind-Zusammenarbeit*, die *Bildkarten*, das *Liederheft zur CD Guten Morgen* und die *Informations-DVD.* Die KIKUS Materialien wurden von Anfang an so konzipiert, dass sie problemlos in andere Sprachen übertragen werden können.

Das Programm **KIKUS Sprachförderung Deutsch (+ Erstsprachen) im Vor- und Grundschulalter** wurde mehrfach ausgezeichnet (z.B. Preis *Münchner Lichtblicke*; Preis *Aktiv für Demokratie und Toleranz*; erster Preis beim bundesweiten Wettbewerb *McKinsey bildet. Alle Talente fördern*).

# 2 Die drei Bausteine der KIKUS-Methode

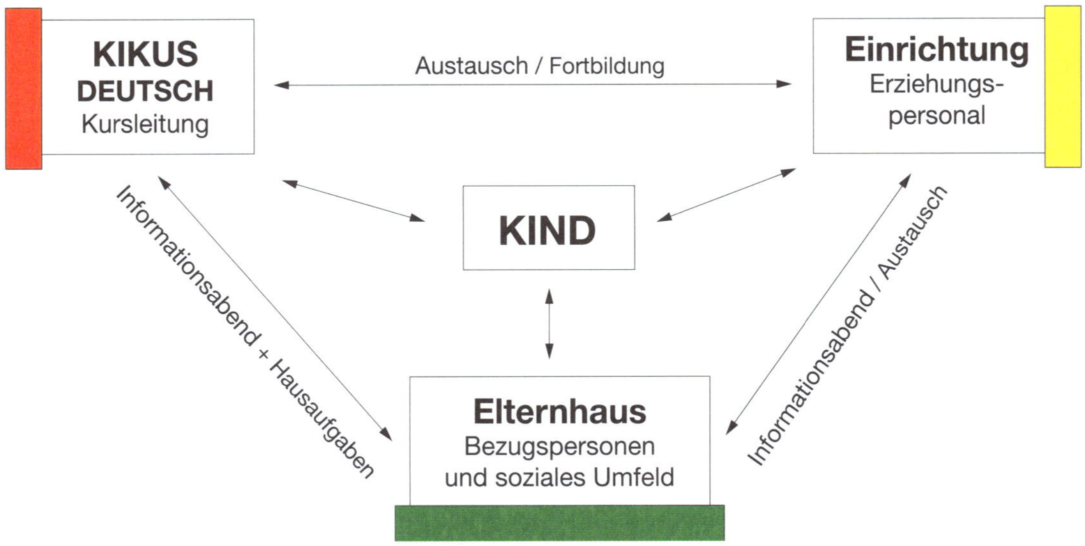


Die drei Bausteine der KIKUS-Methode ergänzen sich gegenseitig so gut wie möglich. Dies gilt für DaZ und DaF in gleicher Weise, wenn vielleicht auch nicht in gleichem Maße. Das Kind befindet sich im Mittelpunkt der drei Einflussbereiche. Wenn nun – warum auch immer – der Baustein „Einrichtung" (Zusammenarbeit mit der Einrichtung) oder der Baustein „Elternhaus" (Zusammenarbeit mit dem Elternhaus) ausfällt, so findet trotzdem weiterhin eine aktive Förderung des Kindes statt.

## Baustein 1: Die gezielte Sprachförderung KIKUS DEUTSCH in der Kleingruppe

Dabei handelt es sich um eine systematische Förderung der deutschen Sprache in einer festen Kleingruppe, die **regelmäßig (!)** ein- bis dreimal wöchentlich durchgeführt wird. Dafür muss in der Einrichtung ein **gesonderter Raum** zur Verfügung stehen. Die Dauer der einzelnen Fördereinheit ist abhängig von der Gruppengröße und dem Alter der Kinder. Die folgende Aufstellung kann eine Orientierung geben:

| | | |
|---|---|---|
| *Alter 3-4 Jahre* | *30-45 Min* | *max. 6 Kinder* |
| *Alter 4-5 Jahre* | *60-75 Min* | *max. 8 Kinder* |
| *Alter 5-6 Jahre* | *60-90 Min* | *max. 8 Kinder* |
| *Alter 6-8 Jahre* | *90 Min* | *max. 8 Kinder* |
| *Alter 8-10 Jahre* | *90 Min* | *max. 6 Kinder* |

### Gruppenbildung

Bis zu **acht Kinder** egal welcher Erstsprachen (!) können an einem Sprachförderkurs teilnehmen. Kinder mit der Erstsprache Deutsch sollten nur in wirklichen Ausnahme-

fällen (z.B. extreme Schüchternheit in der Großgruppe, große Defizite im Wortschatz o.ä.) einbezogen werden. Die Gruppe kann in Bezug auf das Alter (3-4 / 4-6 / 5-7 / 6-8 / 8-10 Jahre) und den Sprachstand gemischt sein, weil die Kinder auch gut voneinander lernen.

Sollte mehr als eine Gruppe in einer Einrichtung gebildet werden, ist eine Aufteilung nach Altersstufen – nicht nach Erstsprachen oder Sprachstand im Deutschen – sinnvoll.

### Kursleitung

Der Kurs sollte unbedingt von einer Person geleitet werden, die sich gut in die Thematik eingearbeitet hat und kontinuierlich bei der Sache bleibt. Dafür geeignete Fachkräfte können aus ganz verschiedenen Fachrichtungen kommen (z.B. Erzieher/innen, Sozialpädagogen und -pädagoginnen, Kinderpfleger/innen, Grundschullehrkräfte, DaF- und DaZ-Lehrkräfte, Sprachtherapeuten und -therapeutinnen, motivierte Menschen aus anderen Fachrichtungen). Voraussetzungen für die Leitung eines KIKUS-Sprachförderkurses sind:

- eine (annähernd) muttersprachliche Kompetenz in der deutschen Sprache
- Spaß an der Arbeit mit Kindern
- Offenheit und kontinuierliche Lernbereitschaft in Bezug auf andere Kulturen und Sprachen
- Kenntnisse über den kindlichen bilingualen Spracherwerb
- fundierte Kenntnisse über die Sprachstruktur (Grammatik) und sprachliche Handlungsmuster
- fundierte didaktische Kenntnisse im Bereich der spielerischen, schriftfreien Fremdsprachenvermittlung
- Bereitschaft zur kontinuierlichen Fort- und Weiterbildung

In jedem Falle sollte die Kursleitung sich mit anderen im Bereich der Sprachförderung arbeitenden Personen austauschen können.

### Inhalte

Die Kursleitung macht Themen der **kindlichen Erfahrungswelt** (z.B. Familie, Kleidung, Essen, Feste, Tiere, Wohnen etc.) zum Gegenstand des spielerischen Lernens. Wortschatz, Grammatik und sprachlich-soziale Handlungsmuster werden mithilfe von realen Objekten, Spielen, Liedern, Reimen und Bildkarten kindgerecht vermittelt, ausprobiert und eingeübt.

In Grundschulkursen sollten spätestens ab Klassenstufe 3 auch schriftliche Elemente hinzugenommen werden. Hierfür bestens geeignet ist z.B. die Durchführung einer „Schreibwerkstatt" mit dem Ergebnis der Erstellung eines gemeinsamen Buches. Die Schreibwerkstatt wird in Kapitel 3 beschrieben.

## Baustein 2: Die Festigung des Gelernten im Einrichtungsalltag

Die Einrichtung ist ein wichtiger Partner bei der Sprachförderung. **Absprachen** bezüglich der im Kurs behandelten Themen sollten regelmäßig erfolgen. So kann im Kurs Gelerntes im Alltag gefestigt werden – und umgekehrt. Davon profitiert jedes einzelne Kind, und davon profitiert auch immer die Gesamtgruppe.

Mit der Zeit werden die KIKUS-Kursleiterinnen in den Einrichtungen für die Kinder automatisch zu **„Spezialisten" in Sachen Sprache**, an die sich die Kinder wenden, wenn sie unsicher sind oder konkrete Fragen haben.

## Baustein 3: Die Förderung der Erstsprachen durch das Elternhaus

Bei KIKUS holt man die Eltern mit ins Boot. Aber man holt sie bei ihren **Kompetenzen** ab. Viele Eltern fühlen sich überfordert, wenn man ihnen sagt: „Sprechen Sie zu Hause Deutsch mit ihrem Kind." Das würde uns nicht anders gehen, wenn wir – aus welchen Gründen auch immer – nach Vietnam umziehen würden und zu hören bekämen: „Sprechen Sie am besten zu Hause immer Vietnamesisch mit ihrem Kind, damit es die Sprache schneller lernt." Mag natürlich sein, dass unsere Kinder dadurch das eine oder andere Wort auf Vietnamesisch früher lernen, aber wie sieht es mit der Sprachstruktur aus? Und mit den Feinheiten der Aussprache? Und mit unseren sprachlichen Gefühlen?

Wenn Kinder eine **gesunde Basis in ihren Erstsprachen** mitbringen, ist es relativ einfach, sie im Deutschen zu fördern. Kinder, die dagegen in der Familie mit einem fehlerhaften Deutsch aufwachsen, bringen häufig die bereits eingeschliffenen Fehler ihrer Eltern mit, wie z.B. die falsche Verwendung der Artikel (z.B. *der Auto, eine Hund*) oder das Fehlen von Präpositionen (z.B. *Ich komme morgen Kindergarten*). Die Bearbeitung eingeschliffener Fehler ist ausgesprochen schwierig, und zwar deshalb, weil die Kommunikation ja trotz der Fehler gut funktioniert; somit ist die kindliche Motivation, diese Fehlformen zu bearbeiten, sehr gering. Das ist übrigens bei den meisten Erwachsenen nicht anders.

Wenn man die Eltern auffordert, zu Hause in ihren Erstsprachen mit ihren Kindern zu sprechen, passieren viele „wundersame" und positive Dinge – quasi ganz von alleine:

- Die Eltern sind erleichtert, weil sie sich ihrer Aufgabe gewachsen fühlen.
- Die Eltern freuen sich, weil sie mit ihren Kindern in der Sprache sprechen „dürfen", in der sie sich wohlfühlen und in der sie alles ausdrücken können.
- Die Eltern spüren, dass ihre Sprachen eine Wertschätzung erfahren. Dabei ist es vollkommen unerheblich, ob es sich dabei um Englisch, Ungarisch oder Kotokoli handelt.
- Die Eltern merken, dass sie die Einzigen in unserer Gesellschaft und im Leben ihrer Kinder sind, die diese Aufgabe wahrnehmen können; sie sind die Profis in den Erstsprachen. Wer sonst?
- Die Eltern fühlen sich in ihrer Herkunft, in ihrer Sprache und in ihrer Identität angenommen. Sie spüren, dass sie akzeptiert werden und willkommen sind. Das ist für viele der Schlüssel dafür, dass sie sich gegenüber der hiesigen Gesellschaft überhaupt öffnen können.
- Die Eltern und das pädagogische Fachpersonal entwickeln einen besseren Umgang miteinander, der durch Interesse geprägt ist, nicht durch Ängste und Widerstände.
- Vielfach entwickeln die Eltern ein gesteigertes Interesse an der deutschen Sprache. Manche belegen sogar nach Jahren einen ersten Deutschkurs.
- Manchmal entwickeln auch pädagogische Fachkräfte ein Interesse daran, eine (weitere) Fremdsprache zu lernen.

## Die Eltern-Kind-Zusammenarbeit

Über eine gezielte Eltern-Kind-Zusammenarbeit in Form von „Hausaufgaben“ *(KIKUS Arbeitsblätter)* wird die **Beschäftigung mit den Erstsprachen** der Kinder zu Hause angeregt. Die Kinder erfahren, dass Zweisprachigkeit kein Makel ist, sondern eine Chance. Das stärkt ihr Selbstvertrauen.

Die Methode ist sehr einfach, aber – oder vielleicht gerade deswegen – ausgesprochen effektiv: Die Kinder bekommen nach jeder KIKUS-Fördereinheit (oder einmal pro Woche) ein *KIKUS Arbeitsblatt* mit nach Hause. Nach einer Fördereinheit, in der z.B. das Thema Körper behandelt wurde, kann das Arbeitsblatt so aussehen:

Abgebildet ist ein Teddy, der in der Sprachfördereinheit möglicherweise gemeinsam als Puzzle gelegt worden war. Die einzelnen Teile des Teddys werden am Rand auf Deutsch bezeichnet und unter den deutschen Bezeichnungen befinden sich leere Kästchen. Aufgabe der Kinder ist es nun, den Teddy nach ihren Vorstellungen zu gestalten. Aufgabe der Eltern ist es, mit ihren Kindern zusammen einzutragen, wie die jeweiligen Begriffe in ihren Erstsprachen heißen. Hier zwei mögliche Ergebnisse:

**Beispiel 1**

**Beispiel 2**

Nun sieht es zunächst einmal so aus, als könnte auf diesem Wege zwar der Wortschatz in beiden Sprachen aufgebaut werden, mehr aber auch nicht. Manchmal mag das auch stimmen – ein Ergebnis, das auch nicht zu verachten ist –, aber in den meisten Fällen wird dieses Arbeitsblatt natürlich als Anlass genommen, über das aktuelle Thema der Sprachförderung in der Erstsprache zu sprechen, Spiele aus der Sprachförderung in der Erstsprache nachzuspielen usw. Häufig ist es so, dass Eltern ihre Kinder sehr gerne zu Hause unterstützen und fördern möchten, aber schlicht und einfach nicht wissen, wie sie es anfangen sollen. Die Arbeitsblätter sind ihnen da eine willkommenen Hilfe.

Wichtig (!):

- Diese „Hausaufgaben" sind freiwillig! Sie sollen nicht den Charakter einer Last bekommen, sondern den Kindern (und den Eltern) Spaß machen. Wenn ein Kind kein Arbeitsblatt mit nach Hause nehmen möchte, hat dies meistens einen tieferen Grund. Den gilt es herauszufinden.
- Es geht nicht darum, dass die Kinder die „Hausaufgaben" so schön wie möglich machen, sondern darum, dass hierbei Sprache in den Vordergrund rückt. Deshalb ist ein „Kritzi-Kratzi-Bild" eines dreijährigen Kindes genauso wertvoll, wie das „perfekt ausgemalte Bild" eines Grundschulkindes (bei dem möglicherweise eher die Eltern am Werk waren als das Kind). Beides ist in Ordnung. Für die Kursleitung geht es nur darum, das Thema der letzten Fördereinheit noch einmal aufzugreifen.

Über die *KIKUS Arbeitsblätter* werden durchschnittlich mehr als 90% der Eltern erreicht. Sollten Mutter oder Vater gar nicht oder im Deutschen nicht alphabetisiert sein (weil sie z.B. arabische Schriftzeichen in der Schule gelernt haben), helfen meistens andere Familienmitglieder oder Freunde mit. Man spürt ganz deutlich an den Fortschritten der Kinder, wo die Familie gut eingebunden ist und wo nicht. Deshalb ist die Eltern-Information von elementarer Bedeutung.

Tipp:
Die schriftliche Anmeldung der Kinder zur Sprachförderung gemeinsam mit den Eltern bei der Eltern-Informationsveranstaltung ausfüllen.

### Eltern-Information

Es ist sinnvoll, die Information der Eltern über die KIKUS-Methode und über ihre Aufgaben dabei an den Beginn eines Sprachförderzyklusses zu stellen. Die Teilnahme an der Eltern-Informationsveranstaltung sollte von Anfang an zu einem „Muss" gemacht werden, damit möglichst viele Kinder von ihren Eltern vertreten werden. Da die meisten Eltern den Wunsch nach Bildung für ihre Kinder hegen, sind für die rege Teilnahme gute Voraussetzungen geschaffen.

Da es immer wieder Kommunikationsprobleme gibt, sollte die Eltern-Informationsveranstaltung weniger durch die Weitergabe mündlicher oder schriftlicher Informationen geprägt sein als durch **Zeigen und Tun.** Nach einer kurzen Einführung über die Rahmenbedingungen der Sprachförderung sollten Sie Ihren „Zaubersack" auspacken und die Eltern das Thema Sprachförderung fühlen und ziehen lassen (zum Zaubersack siehe Kapitel 3 KIKUS Lehr- und Lernmaterialien, Unterkapitel „Empfehlungen für weitere Lehr- und Lernmaterialien").

Weitere Tipps zum Aufbau einer Eltern-Informations-Veranstaltung, den Vorschlag für ein Handout und für ein Anmeldeformular finden Sie im Anhang.

Legen Sie mit den Eltern zusammen – wie mit den Kindern – z.B. ein Gesichtspuzzle und zeigen Sie Ihnen im Anschluss das Arbeitsblatt „Gesicht". Erklären Sie Ihnen anhand des Arbeitsblattes ihre Aufgabe zu Hause – und genießen Sie es, wie die Eltern sich zum Mitmachen öffnen.

# 3 KIKUS Lehr- und Lernmaterialien

## Einführung

### Kindliche Realitäten und Rahmenbedingungen

Die Situationen der Kinder, die mithilfe des KIKUS-Programms in ihrer Mehrsprachigkeit gefördert werden sollen, und die Rahmenbedingungen für die Sprachvermittlung sind sehr, sehr **vielschichtig**. Dabei sind die unterschiedlichen Verhältnisse im deutschsprachigen Raum genauso zu berücksichtigen wie die im Ausland.

Wie bereits erwähnt, sollte man mit der gezielten Sprachförderung Deutsch als Zweitsprache, wenn möglich, bereits mit den Dreijährigen beginnen. Wenn Kinder mit einer normal ausgebildeten Erstsprache in die Kindertageseinrichtung kommen und dann im Verlauf der drei Kindergartenjahre kontinuierlich (z.B. einmal pro Woche) gefördert werden, besteht eine echte Chance auf Chancengleichheit mit deutschsprachig aufwachsenden Kindern zum Zeitpunkt der Einschulung. Zu KIKUS-Kursleiter/innen ausgebildete Erzieher/innen, die seit mehreren Jahren so arbeiten, können dies uneingeschränkt bestätigen.

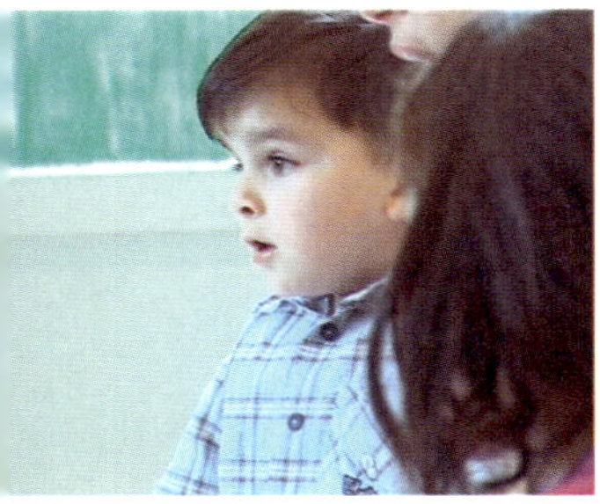

Doch die Realität stellt sich häufig anders dar. Die meisten bisher entwickelten Maßnahmen zur Sprachförderung konzentrieren sich auf das letzte Jahr vor der Einschulung. Dies ist fast immer zu kurz, um das aufzuholen, was andere Altersgenossen über fünf Jahre im Vorfeld erworben haben. Hier entsteht ein ernst zu nehmender Stressfaktor für das pädagogische Fachpersonal, für die Eltern und für die Kinder.

Darüber hinaus gibt es natürlich auch Kinder, die erst im Alter von 5 Jahren oder später in ein deutschsprachiges Land kommen und erst ab diesem Zeitpunkt gefördert werden können.

Deshalb muss das ganze Sprachbildungssystem offen und flexibel sein und bleiben – und zwar auch im Hinblick auf das Grundschul- und Jugendalter. Jeder Mensch hat das Recht auf Bildung und die Voraussetzung für Bildung im deutschsprachigen Raum ist das Beherrschen der deutschen Sprache.

Aber auch für den Bereich Deutsch als Fremdsprache im Ausland gibt es ganz unterschiedliche Voraussetzungen und Rahmenbedingungen: Es gibt Regionen, in denen das Deutsche neben anderen Sprachen eine starke gesellschaftliche Präsenz hat (z.B. Grenzregionen); es gibt Länder, in denen das Deutsche neben dem Englischen eine sehr attraktive Fremdsprache ist; es gibt ausgewanderte Familien, in denen das Deutsche als Familiensprache fungiert und erhalten werden soll; ...

Da eine festgelegte grammatische Progression bei einer so vielschichtigen Realität und so unterschiedlichen Rahmenbedingungen wenig Sinn macht, geht man bei der KIKUS-Methode **thematisch** vor. Und aus diesem Grund sind die KIKUS Lehr- und Lernmaterialien absolut **flexibel** und in Form eines **Baukastensystems** angelegt. Die Teile sind aufeinander abgestimmt, können aber auch unabhängig voneinander eingesetzt werden.

### Zur Entwicklung der KIKUS Materialien

Zu Beginn unserer Sprachfördertätigkeit haben wir im KIKUS-Programm quasi mit allen Materialien und Ideen gearbeitet, die uns in die Hände gefallen sind: mit realen Objekten, Puppen, Spielen, Liedern, Bewegungsübungen, Puzzles, Bilderbüchern,

Vorlesegeschichten, Arbeitsblättern usw. Sie wurden erprobt, verworfen oder geändert, angepasst, erneut ausprobiert. Viele dieser Materialien werden weiterhin in der KIKUS-Sprachförderung eingesetzt. Durch die KIKUS-Materialien werden sie in perfekter Weise ergänzt.

Die KIKUS Lehr- und Lernmaterialien wurden zunächst für den eigenen Bedarf entwickelt – und zwar genau in den Bereichen, die durch andere Materialien nicht befriedigend abgedeckt werden konnten. Dazu drei Beispiele.

**Beispiel Bildkarten:** Jeder, der Sprachförderung macht, benutzt irgendwann auch Bildkarten. So auch ich. Zunächst griff ich auf Memory-Spiele zurück, die jedoch ihre Tücken hatten: Wollte ich ein bestimmtes Thema bearbeiten, fehlten mir zumeist ein bis zwei Objekte. Oder die Abbildungen waren nicht einheitlich: Mal waren die Objekte im Singular, mal im Plural dargestellt. Dann ging ich dazu über, meine abendliche Freizeit dafür zu verwenden, eigene Bildkarten nach meinen Bedürfnissen herzustellen. Auch hier „stolperte ich über viele Steine" (ein Beispiel folgt unten). Schließlich wusste ich, was ich wirklich brauchte, und entwickelte auf dieser Grundlage die *KIKUS Bildkarten.*

**Beispiel Musik:** Mit Liedern lernt es sich leichter. Lieder kann man auch im häuslichen Umfeld einsetzen, und so die Sprachförderarbeit gut vertiefen. Und es gibt eine Menge wunderbarer Kinderlieder, die sich für die Sprachförderung eignen – dachte ich. Als ich dann anfing, mit diesen „geeigneten" Liedern zu arbeiten, wurde sehr schnell klar, dass sie entweder zu lang und/oder sprachlich zu komplex und/oder auf den Tonträgern zu schnell vorgetragen waren. Also nahmen wir die *KIKUS CD Guten Morgen* auf, um diesen Problemen zu entgehen.

**Beispiel Arbeitsblätter:** Arbeitsblätter z.B. für die Vorschularbeit gibt es unendlich viele, und viele davon sind sehr schön. Es waren jedoch keinerlei Arbeitsblätter zu finden, die auf eine zweisprachige Förderung von Kindern dieser Altersstufe ausgelegt waren: Wieder wurde collagiert, gezeichnet, ergänzt und kopiert. Alle KIKUS-Kursleiter/innen empfanden es als eine enorme Erleichterung, dass dieser Aufwand mit der Publikation der *KIKUS Arbeitsblätter für die Eltern-Kind-Zusammenarbeit* endlich ein Ende fand.

Zum gegenwärtigen Zeitpunkt bestehen die KIKUS Lehr- und Lernmaterialien aus folgenden Teilen:

- *Die KIKUS-Methode. Ein Leitfaden*
- *KIKUS Informations-DVD*
- *KIKUS Bildkarten*
- *KIKUS Bildkärtchen*
- *KIKUS Arbeitsblätter für die Eltern-Kind-Zusammenarbeit*
- *KIKUS Audio-CD Guten Morgen*
- *KIKUS Liederheft Guten Morgen*

Diese Bestandteile werden im Folgenden ausführlich erläutert.

## KIKUS Informations-DVD

Wer sich schnell und anschaulich mit der KIKUS-Methode und den Lehr- und Lernmaterialien vertraut machen möchte, sollte sich einfach in einem ersten Schritt die

KIKUS Informations-DVD anschauen. Sie gliedert sich in einen Hauptfilm (ca. 40 Min) und Zusatzinformationen (ca. 60 Min). Der Hauptfilm umfasst

- eine Einführung
- die Ziele der KIKUS-Methode
- Informationen über deren Entwicklung
- die Erklärung der KIKUS-Bausteine
- Bestand und Einsatzmöglichkeiten der Lehr- und Lernmaterialien
- Informationen zu den Fortbildungsmöglichkeiten
- Meinungsbilder von pädagogischen Fachkräften, Eltern und Kindern

Die Zusatzinformationen enthalten u.a. den Schnitt einer ganzen KIKUS-Stunde.

## KIKUS Bildkarten

Die *KIKUS Bildkarten* decken den **Basis-Wortschatz** ab und sind wertvolle Helfer für die Sprachvermittlung. Sie sind sowohl für die **Gruppenarbeit** als auch für die **Einzelarbeit** geeignet. Die liebevollen und klaren Darstellungen umfassen **Substantive** aus verschiedenen Themenbereichen, **Adjektive, Verben, Präpositionen, Zahlen** und drei mathematische Zeichen.

**Substantiv**
= Namenwort
= Hauptwort
**Adjektiv**
= Wie-Wort
= Eigenschaftswort;
**Verb**
= Tätigkeitswort
= Tu/n-Wort;
**Präposition**
= Verhältniswort

Alle Motive liegen in **doppelter Ausführung** vor, je einmal farbig und einmal als schwarz-weiße Strichzeichnung. Dadurch entsteht eine **Vielfalt von Einsatz- und Spielmöglichkeiten** wie z.B. Artikelarbeit, Pluralbildung, Wortbildung, Satzbildung, Memory, Lotto etc.

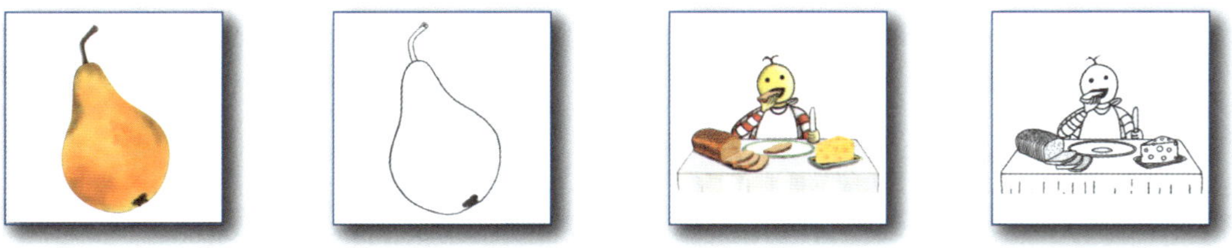

Grundsätzlich sind die *KIKUS Bildkarten* geeignet für die Vermittlung aller Sprachen auf

unterschiedlichem Niveau, da **keinerlei schriftliche Elemente** enthalten sind. Sie können auch in der sprachtherapeutischen Arbeit eingesetzt werden.

### Ansprüche an die *KIKUS Bildkarten*

Das Wichtigste bei der Erstellung der *KIKUS Bildkarten* war die **Eindeutigkeit in den Darstellungen.** Das hört sich banaler an als es ist. Es kamen Fragen auf wie: Ist diese Süßspeise ein *Kuchen* oder eine *Torte*? Heißt es eigentlich *die Paprika* oder *der Paprika, die Weintraube* oder *die Weintrauben*? Wie kann man Saft so darstellen, dass nicht auch *Glas* oder *Flasche* oder *Krug* gemeint sein könnte? Der Standard Verbi (Verb-Figur auf den Bildkarten) *lacht* und *tanzt* gleichzeitig, *gähnt* und *streckt sich* gleichzeitig – ist das irritierend? In Ausnahmefällen gibt es tatsächlich keine eindeutigen Lösungsmöglichkeiten. Dann muss man auf das zurückgreifen, was Sprache ausmacht: Einigung und Festlegung. In allen anderen Fällen sind die Darstellungen eindeutig.

Zu diesem Thema eine kleine Geschichte aus der eigenen Praxis: Ich habe einmal mit Begeisterung ein Set Bildkarten zum Thema Tiere gebastelt, d.h. ich habe ein passendes Buch gesucht, habe die Tierbilder ausgewählt, sie kopiert, sie auf Karton im Postkartenformat aufgeklebt und abschließend – damit sie länger halten – noch mit Plastikfolie beklebt. Ich wollte mit den Kindern zusammen das Handlungsmuster „Tiere beschreiben" erarbeiten. Ich ließ die Kinder die Karten aus dem Zaubersack ziehen und sofort an die Brust drückend verstecken. Dann ging es los: Wir fragten uns gegenseitig nach den Eigenschaften unserer Tiere und errieten sogar das eine oder andere. Dann kam Serkan an die Reihe. Er war noch klein und sprach noch sehr wenig Deutsch. Wir halfen ihm: „Serkan, welche Farbe hat dein Tier?" Er betrachtete seine Karte sehr intensiv und sagte dann zögernd: „Schwarz ... und ... weiß ... und ..." Die anderen Kinder riefen euphorisch: „Hund! Katze! Pinguin! Zebra! Kuh! ..." Es war ein bunter Schmetterling – schwarz-weiß kopiert ...

Diese und andere Erfahrungen zeigen sehr deutlich, dass Bildkarten für die Spracharbeit mit Kindern besonderen Ansprüchen gerecht werden müssen. Dazu gehören u.a.:

- Die Karten sollten **farbig** sein, da von den Kindern bestimmte Übertragungsleistungen noch nicht erwartet werden können.
- Der Basis-Wortschatz darf sich keinesfalls nur auf den Bereich der **Substantive** (Namenwörter) beschränken, denn **andere Wortarten** gehören ja ebenfalls zur Sprache dazu.
- Es sollten immer genügend, also **mindestens acht Karten von einer** Sorte für ein Thema vorhanden sein.

- Es sollte die Bildkarten in **zweifacher Ausführung** geben, damit ein großes Spiele- und Übungsrepertoire abgedeckt werden kann.

Zu dem letzten Punkt kommt häufig die Frage auf: Warum gibt es die Bildkarten einmal farbig und in der zweiten Ausführung als schwarze Strichzeichnung? Das hat mehrere Gründe:

- Die Analogie zu den *KIKUS Bildkärtchen* wird hergestellt; dadurch entsteht ein höherer Wiedererkennungswert.
- Der kognitive Abstraktionsprozess wird gefördert: von dem realen Gegenstand zum farbigen Abbild zur Strichzeichnung – zum Schriftzeichen.
- Das Repertoir an Spielmöglichkeiten wird erheblich erweitert.
- Die Darstellung grammatischer Phänomene wird erleichtert (s.u.).

## Übersicht über die *KIKUS Bildkarten*

Aus all diesen Gedanken und Bedürfnissen heraus wurden die *KIKUS Bildkarten* entwickelt. Für die Zusammenstellung des Wortschatzes bildete ein Wörterbuch aus der 2. Klasse Grundschule die Basis. Dieser Wortschatz wurde immer weiter heruntergereduziert, um zu den Worten zu kommen, die heute im Basis-Set vorliegen.

Hier einige Beispiele:

### Personen/Familie

### Kleidung

### Essen/Obst

## Essen/Gemüse

## Andere Lebensmittel

## Tiere/Bauernhof

## Tiere/frei, heimisch

## Tiere/Zoo, wild

## Geschirr

  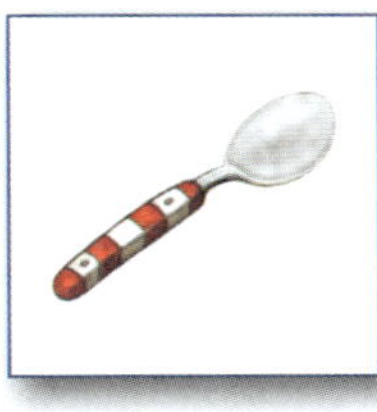 

## Haushalt

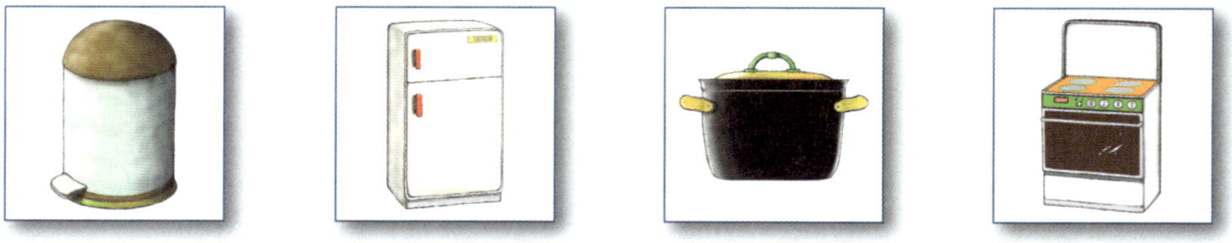

## Möbel

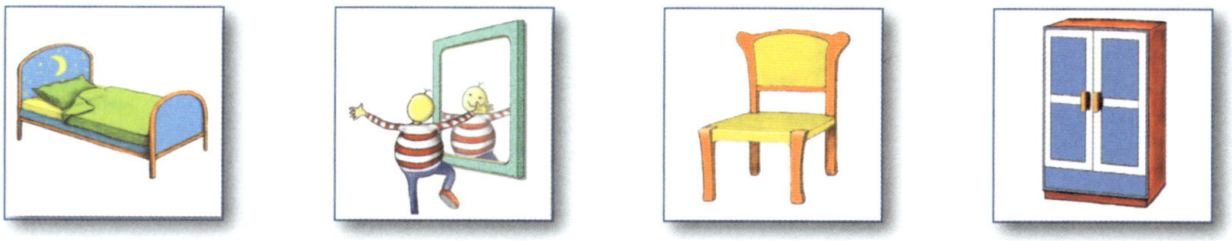

## Schulutensilien

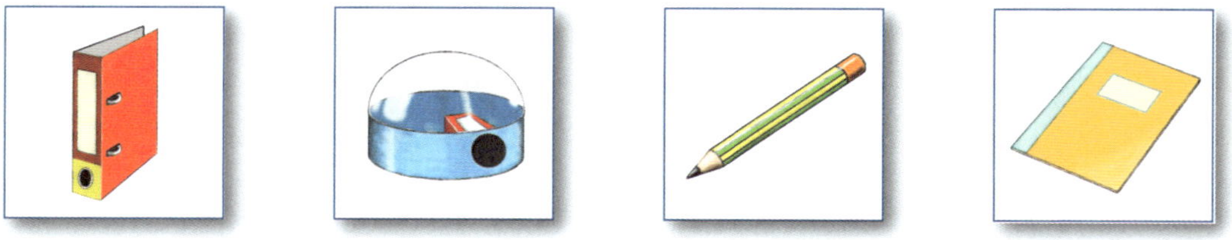

## Umwelt/Fahrzeuge/Straße

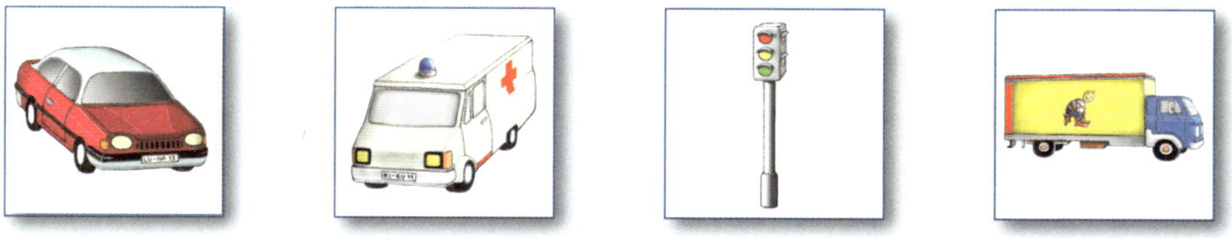

## Gebäude/Park

## Adjektive/Farben

Verben

Präpositionen *vor, neben, hinter, in ...*

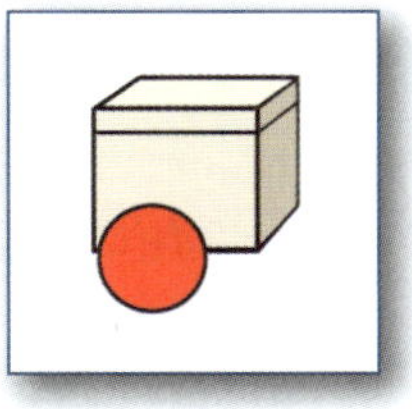
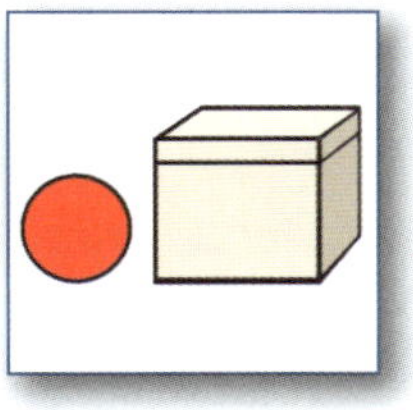
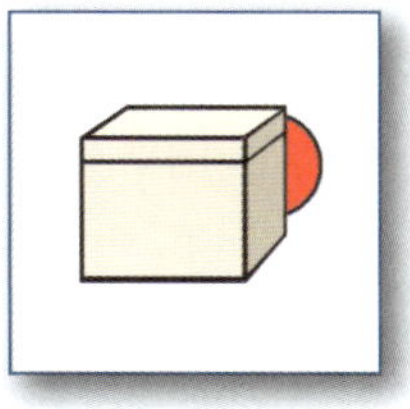
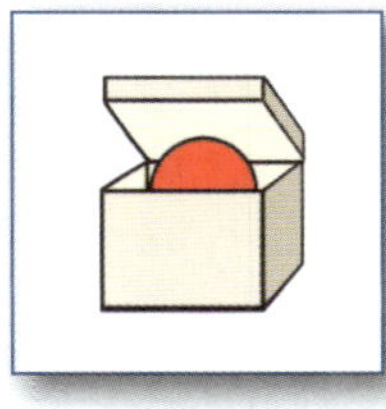

Formen

Zahlen

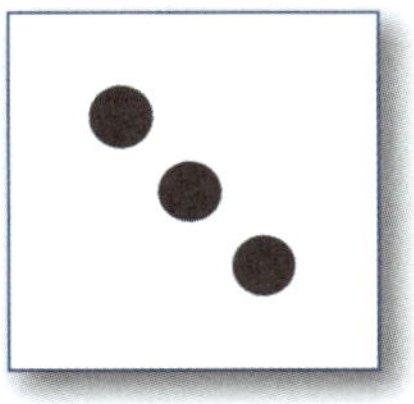

Zeichen

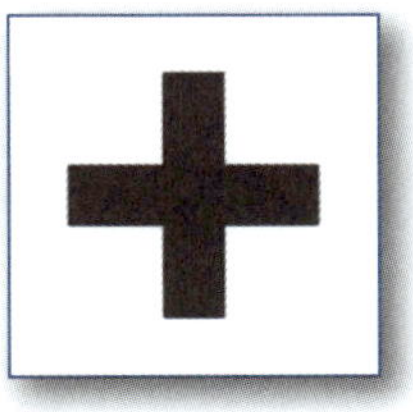

## Einsatz- und Spielmöglichkeiten

Schauen wir uns in einem nächsten Schritt an, wie man die *KIKUS Bildkarten* konkret einsetzen kann. Welche grammatischen Darstellungen, welche Spiele und spielerischen Übungen sind möglich? **Wichtig ist dabei, dass jede Sprachlehrkraft die Möglichkeit hat, die Karten flexibel für sich zu nutzen.** Genau so sind sie gedacht.

Grundsätzlich ist es sinnvoll, die Karten nicht einzeln einzuführen, sondern immer mindestens zwei bis drei von einer Sorte. Dies gilt vor allem für die Kategorien Adjektive, Verben und Präpositionen. Erst wenn diese Karten nebeneinander stehen, wird ihre kategorische Bedeutung transparent.

Die folgenden Vorschläge bilden keinesfalls eine vollständige Liste der Einsatzmöglichkeiten der *KIKUS Bildkarten* – der Phantasie sind hier natürlich keine Grenzen gesetzt. Sie sind als Anregungen zu verstehen, die bereits vielfach erprobt und variiert wurden.

S = Sprecher
H = Hörer

Die Kinder sollten so schnell wie möglich in die Sprecher-Rolle gebracht werden!

Die Spielanregungen werden so weit wie möglich durch Sprachbeispiele „illustriert". Hierbei werden die Abkürzungen „S" und „H" verwendet: „S" steht für „Sprecher" und „H" für Hörer, wobei der Sprecher auch hört und der Hörer auch spricht. Der Sprecher unterscheidet sich vom Hörer dadurch, dass er den Dialog initiiert und damit einen bestimmten Zweck verfolgt.

Von elementarer Wichtigkeit für eine gute Sprachförderung ist, dass der Sprecher nicht systematisch die Kursleitung ist – ganz im Gegenteil! Die Aufgabe der Kursleitung besteht u.a. darin, die Sprachlerner so schnell und sicher wie möglich in die Sprecherrolle zu bringen. Hilfreich ist dabei das Reihum-Prinzip: Die Kursleitung spricht das erste Kind an, das erste Kind spricht das zweite Kind an, das zweite Kind spricht das dritte Kind an usw. Dieses Prinzip können wir uns gleich beim ersten Einsatzvorschlag verdeutlichen.

## Benennen von Objekten, Eigenschaften oder Tätigkeiten

Das – gemeinsame – Benennen von Objekten und die damit verbundene Erarbeitung des Wortschatzes ist ein elementarer Bestandteil der Sprachförderung. Ohne Wortschatz keine Sprache. Für das Be-Greifen von Wörtern ist es natürlich am besten, wenn man mit realen Objekten arbeitet; mit allen Sinnen erfahren, prägen sich die neuen Wörter am schnellsten ein. Dies funktioniert häufig gut bei Kleidung, Möbeln usw. Sollte man aber gerade weder Hund noch Katze noch Schwein real vor Ort haben, dann helfen die Bildkarten weiter. Man kann sie z.B. reihum aus einem Zaubersack oder aus der Hand ziehen lassen und sie dann miteinander betrachten.

| | **Beispiel 1:** | **Beispiel 2:** |
|---|---|---|
| *S = Kursleitung:* | *Was ist das?* | *Was hast du?* |
| *H = Kind 1:* | *(Das ist) ein Hund.* | *Einen Hund.* |
| *S = Kind 1:* | *Und was ist das?* | *Und was hast du?* |
| *H = Kind 2:* | *(Das ist) eine Katze.* | *Eine Katze.* |
| *S = Kind 2:* | *Und was ist das?* | *Und was hast Du?* |
| *H = Kind 3:* | *(Das ist) ein Schwein.* | *Ein Schwein.* |
| ... | | |

Gerade beim Benennen von Objekten ist es wichtig, dass man mit den Kindern nicht in einen „Pattern-Drill" (stures Einüben von Sprachmustern) verfällt, was leicht zur Langeweile bei Kursleitung und Kindern führt (*Was ist das? Das ist ein Hund. / Was ist das? Das ist eine Katze. / Was ist das? Das ist ein Schwein. /...*). Man sollte bei der Überlegung, welche Äußerungen man den Kindern entlocken möchte, sich immer fragen: Wie würde ich als kompetenter Sprecher auf eine solche Frage antworten? Es macht bei dem beschriebenen Dialog z.B. einen Unterschied, ob ich das Wörtchen *das* in der Frage betone oder nicht. Entsprechend erwarte ich auch als kompetenter Sprecher unterschiedliche Antworten. Probieren Sie es am besten gleich einmal aus: *Was ist das? Ein Hund. / Was ist das? Ein Hund. / Was ist das? Das ist ein Hund.*

**Übung:**
Wie verändert sich eine Äußerung, wenn man die Betonung verändert? Lesen Sie die folgende Äußerung laut vor und betonen Sie jeweils das unterstrichene Wort:
Das ist ein Hund.
Das ist ein Hund.
Das ist ein Hund.
Das ist ein Hund.
Welche Hörer-Äußerungen wären jeweils denkbar?

In ähnlicher Weise kann man auch die Bildkarten mit Eigenschafts- und Tätigkeitswörtern betrachten und benennen. Darstellende Figuren wie „Verbi" (für Verb) sind dabei gute Helfer. Am Ende sollte jedoch das Ziel sein, dass die Karten nicht beschrieben werden, sondern dass jeder Karte nur ein Wort zugeordnet wird, z.B. *rot* und *trinken*.

**Beispiel 1**

*S:* *Wie ist diese Karte?*
*H:* *Rot.*
*S:* *Und wie ist diese Karte?*
*H:* *Bunt.*
*S:* *Und wie ist diese hier?*
*H:* ...
...

**Beispiel 2**

*S:* *Was zeigt uns Verbi hier?*
*H:* *Trinken.*
*S:* *Und hier?*
*H:* *Malen.*
*S:* *Und hier?*
*H:* *Essen.*
...

### Artikelarbeit

Ein Phänomen, das das Deutsche von vielen anderen Sprachen unterscheidet, ist die Tatsache, dass es drei bestimmte Einzahl-Artikel (Begleiter) gibt: *der, die* und *das*; dagegen aber nur einen bestimmten Mehrzahl-Artikel, nämlich: *die*. Diese Tatsache treibt die meisten erwachsenen Deutschlerner schier zur Verzweiflung, denn die Artikel scheinen den Substantiven zu allem Überfluss auch noch recht zufällig zugeordnet. Und dann verändern sie sich auch noch, wenn sich der Fall ändert, z.B. heißt es plötzlich:

*Frag doch den Mann. / Gib es der Frau. / Der Ball gehört dem Kind.* Eigentlich muss man die deutschen Artikel schon „mit der Muttermilch einsaugen"; sie müssen einfach immer mit den Substantiven zusammen gelernt werden. Dies ist ein wichtiger Punkt für die Sprachförderung – oder vier wichtige Punkte ...

**Artikel**
= Geschlechtswort
= Begleiter

bestimmter Artikel
= der / die / das // die

unbestimmter Artikel
= ein / eine /eine // –

Denn genau vier Punkte in verschiedenen Farben können eine wichtige Gedächtnishilfe für Kinder (und auch für Erwachsene) sein. Man kann die Substantiv-Bildkarten mit blauen, roten, grünen und gelben Punkten ausstatten, die die bestimmten Artikel symbolisieren.

Selbstklebende Punkte in blau, rot, grün und gelb bekommt man in Schreibwarengeschäften.

| Farbpunkt: | Artikel: | Beispiel: |
|---|---|---|
| blau | *der* | *der Pullover* |
| rot | *die* | *die Jacke* |
| grün | *das* | *das Hemd* |
| gelb | *die* = Mehrzahl von *der/die/das* | *die Strümpfe* |

Warum sind die *KIKUS Bildkarten* nicht schon von Haus aus mit diesen Punkten versehen? Aus Gründen der Flexibilität in verschiedener Hinsicht:

- Ohne Punkte können die Bildkarten für die Vermittlung aller Sprachen verwendet werden, auch solcher, die andere oder gar keine Artikel haben.
- So kann man die Punkte auf die farbigen oder auf die schwarz-weißen oder auf beide Karten kleben.
- So kann man die Farben für die Artikel frei wählen, wenn z.B. angrenzende Institutionen den Artikeln andere Farben zugeordnet haben.
- So kann man aber auch ganz andere Artikel-Darstellungssysteme wählen (z.B. Montessori-Variante).

Schon mit den Drei- und Vierjährigen kann man die Artikelfarben einführen, allerdings eher vorbereitend als systematisch. Mögliche Helfer sind z.B. große Artikelpunkte, denen man neu eingeführte Objekte zuordnen kann (siehe Übung mit Obst auf der *KIKUS Informations-DVD*; Schnitt einer Fördereinheit). Auch Wandcollagen sind denkbar und das Ausstatten von Gegenständen im Raum mit Artikelpunkten.

Das kognitive Erfassen dieses Systems setzt bei den meisten Kindern jedoch erst im Vorschulalter ein. Bis dahin hat sich bei ihnen auch schon ein gewisses Sprachgefühl entwickelt, sofern sie in einer deutschsprachigen Gesellschaft herangewachsen sind. Nun können Sie die Bildkarten gemeinsam mit den Kindern mit den Artikelpunkten versehen. Wenn Sie die Punkte oben links aufkleben (lassen), geben Sie bereits die bei uns erforderliche Leserichtung vor.

**Beispiel:**

*(die Pullover-Karte wird hingelegt/umgedreht/aufgedeckt)*

S: *Aha, ein Pullover.*
*Heißt es „der Pullover" oder „die Pullover" oder „das Pullover"?*

H: *(reges Raten, wobei sicher auch „der Pullover" fällt)*

S: *Genau, es heißt „der Pullover". Und der Pullover bekommt einen blauen Punkt.*

H: *(ein Kind darf den blauen Punkt aufkleben)*

*(die nächste Karte kommt an die Reihe)*

S: *Aha, eine Jacke.*
*Heißt es „der Jacke" oder „die Jacke" oder „das Jacke"?*

H: *(reges Raten, wobei sicher auch „die Jacke" fällt)*

S: *Genau, es heißt „die Jacke". Und die Jacke bekommt einen roten Punkt.*

H: *(ein Kind darf den roten Punkt aufkleben)*

*(die nächste Karte kommt an die Reihe ...)*

In einem nächsten Schritt können dann die Artikel-Punkte bei den *KIKUS Bildkärtchen* ausgemalt werden (siehe Unterkapitel „KIKUS Bildkärtchen").

Wichtig für die Artikelarbeit ist grundsätzlich:

- Weniger ist mehr! Überfordern Sie die Kinder nicht durch die Menge der Karten. Pro Kind ein Substantiv ist anfangs die ideale Menge.
- Haben Sie Geduld! Geben Sie den Kindern so viel Zeit wie sie brauchen, um das System zu verstehen. – Es ist ein Prozess und kein Moment.
- Spracherwerb braucht Zeit! Erwarten Sie nicht, dass sich die Kinder die Substantive mit den entsprechenden Artikeln merken können, auch wenn sie bereits mehrmalig thematisiert wurden.

## Pluralbildung

Bei der Bildung des Plurals ist das Deutsche ähnlich „undurchschaubar" wie bei der Verwendung seiner Artikel. Es gibt mindestens neun Formen der Pluralbildung bei Substantiven. Hier einige Beispiele: *der Sessel – die Sessel, die Mutter – die Mütter, das Pferd – die Pferde, der Strumpf – die Strümpfe, das Kleid – die Kleider, das Buch – die Bücher, die Ampel – die Ampeln, die Burg – die Burgen, das Känguru – die Kängurus.*

Plural = Mehrzahl;
Singular = Einzahl

Darin ein System zu entdecken oder gar zu vermitteln, ist eine echte Herausforderung, vor allem wenn man bedenkt: Es gibt sowohl *Bänke* als auch *Banken*. Was eher hilft, ist üben, üben, üben ...

Durch die Tatsache, dass alle KIKUS Bildkarten in zweifacher Ausführung vorliegen, ist die Darstellung des Plurals jederzeit möglich. Wenn darüber hinaus die Zahlen-Karten zu Hilfe genommen werden, wird es noch anschaulicher.

### Beispiel 1: *der Hund – die Hunde*

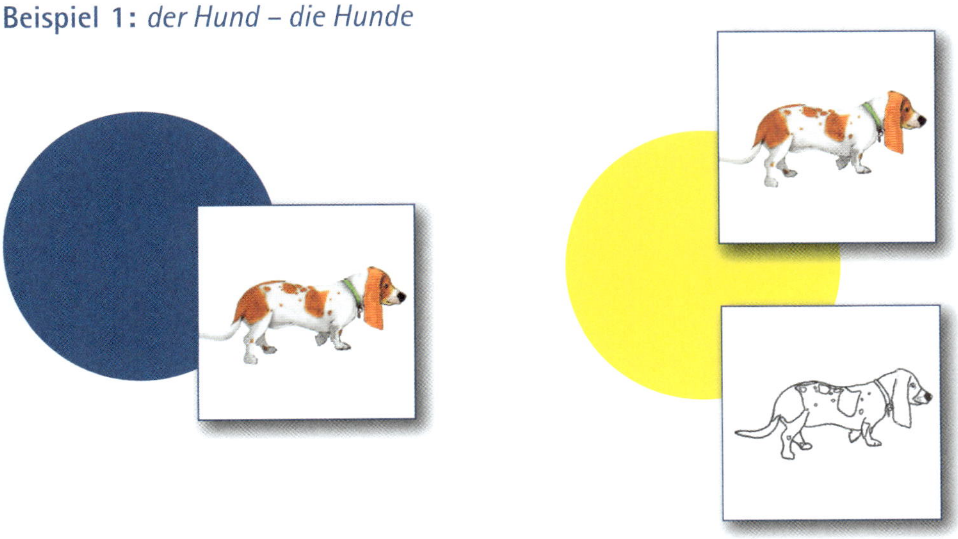

**Beispiel 2 :** *ein Schwein – zwei Schweine*

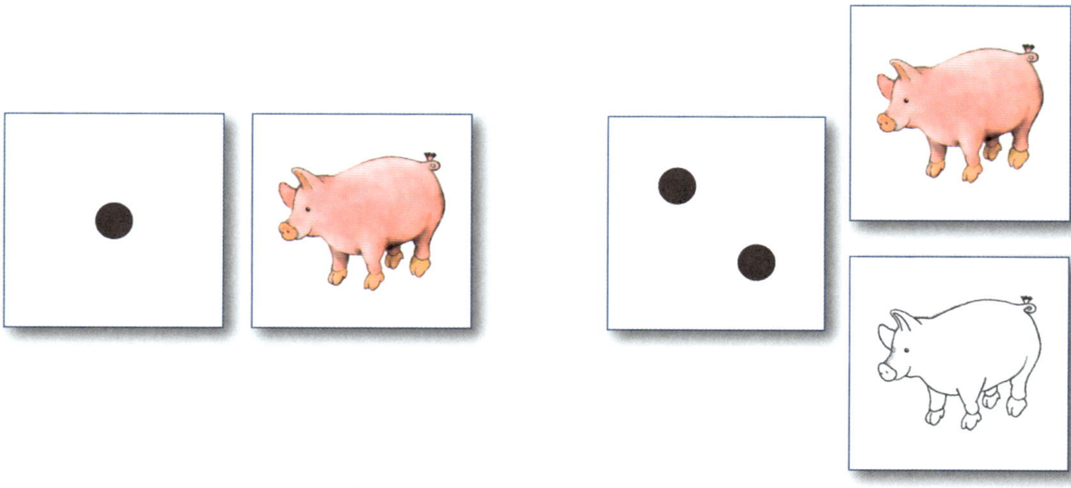

Ein gut geeignetes Spiel zum Üben des Plurals – und der Artikel (!) - ist Memory, das weiter unten beschrieben wird.

### Wortbildung

Es gibt im Deutschen sehr viele Möglichkeiten, neue Wörter zu bilden. Die Regeln dafür sind verhältnismäßig klar – diese Tatsache versöhnt vielleicht ein wenig mit den zuvor beschriebenen grammatischen Hürden. Eine der wichtigsten Formen ist das Zusammensetzen von Wörtern; die Ergebnisse werden Komposita genannt. Man kann quer durch die Wortarten „komponieren": *Ich sitze gerade auf meinem rosa-roten Schreib-tisch-stuhl an meinem himmel-blauen Computer-tisch vor meinem Computer mit tauben-grauem Hinter-grund und arbeite an dieser wunder-schönen Text-passage.*

Bei der Darstellung von zusammengesetzten Substantiven kommen die *KIKUS Bildkarten* mit ihren farbigen und schwarz-weißen Varianten sehr erfolgreich zum Einsatz. Die folgenden Beispiele werden dies verdeutlichen:

*der Käse + das Brot*
*= das Käsebrot*

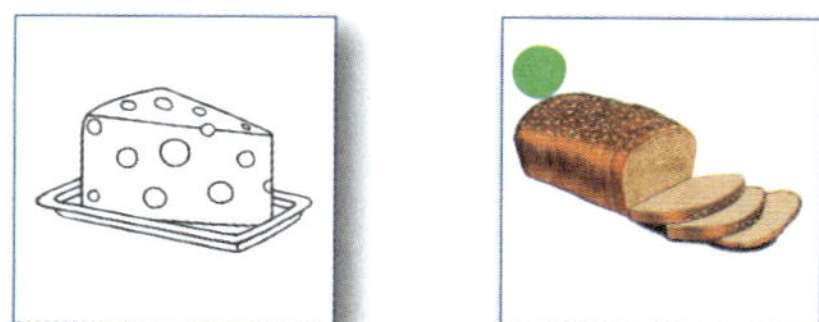

*die Wurst + das Brot*
*= das Wurstbrot*

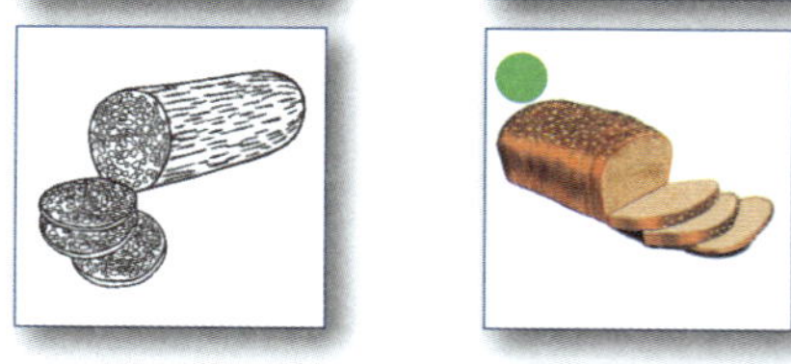

*der Käse + die Wurst + das Brot*
*= das Käsewurstbrot*

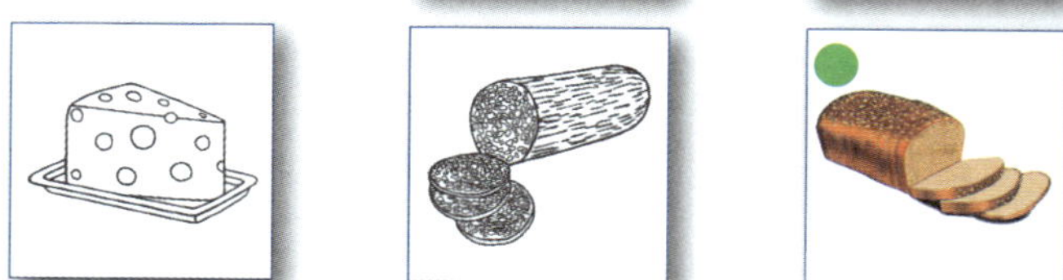

*das Haus + die Schuhe*
*= die Hausschuhe*

*das Huhn + das Ei*
*= das Hühnerei*

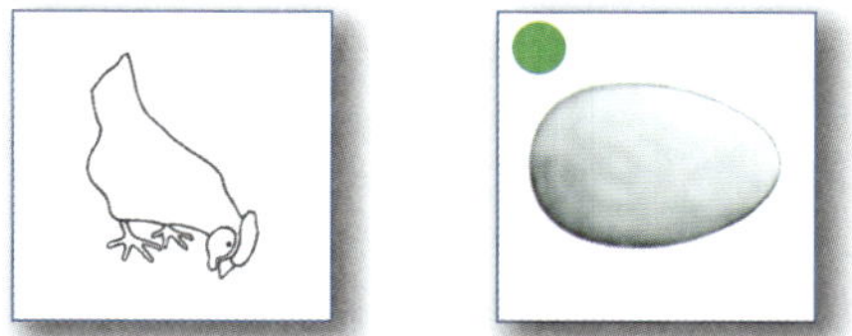

*die Kuh + die Milch + der Käse*
*= der Kuhmilchkäse*

*der Topf + die Blume*
*= die Topfblume*

*die Blume + der Topf*
*= der Blumentopf*

Das Untereinanderlegen der Karten zeigt, dass bei den deutschen Substantiv-Komposita immer das letzte Wort den Artikel bestimmt – egal wie lang das gesamte Wort auch sein mag (z.B. *die Donaudampfschiffahrtsgesellschaftskapitänswitwe*). Das letzte Wort ist das wichtigste, was bedeutet, dass man auf die Hauptinformation immer bis zum Schluss warten muss. Das ist typisch für die deutsche Sprache und immer wieder eine Herausforderung für Deutschlerner. Denn in vielen anderen Sprachen funktioniert das genau umgekehrt. Das ist natürlich bei der Sprachförderung zu berücksichtigen.

### Satzbildung

Mit den *KIKUS Bildkarten* kann man auch Sätze legen, allerdings erst als Vorstufe oder begleitend zum Schrifterwerb (ab 5/6 Jahre). Auf diese Weise kann man die Stellung der Worte im Satz transparent machen.

**Beispiele:**

*Der Junge sitzt.*

*Die Mutter isst Käse.*

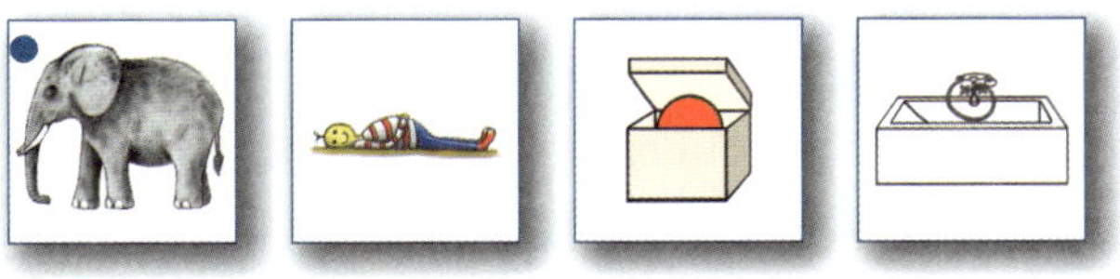

*Der Elefant liegt in der Badewanne.*

Wieder untereinander gelegt zeigt sich, dass z.B. das Verb in einem Aussagesatz an zweiter Stelle steht.

Wenn wir nun dagegen Fragen stellen, passiert folgendes:

*Sitzt der Junge?*

*Isst die Mutter Käse?*

*Liegt der Elefant in der Badewanne?*

Das Verb rutscht an die erste Stelle, das Subjekt an die zweite – auch hier wieder: typisch für das Deutsche und anders als in vielen anderen Sprachen. Darüber hinaus kann man durch die Verwendung farbiger und schwarz-weißer Karten darstellen, dass z.B. in den Fällen *Käse* und *Badewanne* „irgendetwas anders ist" (sie stehen nicht wie *der Junge, die Mutter und der Elefant* im Nominativ, sondern im Akkusativ und im Dativ).

Lassen Sie sich bei der Satzbildung nicht zum Perfektionismus verleiten, sondern versuchen Sie die Angelegenheit „kindlich" anzugehen. Machen Sie den Kindern einfach vor, wie Sie sich die Sache vorstellen, dann steigen sie ganz sicher darauf ein. Lassen Sie die Kinder experimentieren und lassen Sie sich von ihren Experimenten begeistern. Hier dazu zum Abschluss ein kleines Rätsel, das mir ein siebenjähriger Junge aufgegeben hat:

Und? Können Sie das Rätsel lösen? Es zeigt uns ganz deutlich, wie sehr wir als Erwachsene „schriftlich" denken. Ich war begeistert!

Die Lösung: *Das Messer ist scharf.*

## Memory

Memory wird gerne als das Spiel für den Wortschatzerwerb bezeichnet – obwohl es eigentlich eines der Spiele ist, die komplett sprachlos gespielt werden können. Man kann sich problemlos mit Menschen zusammensetzen, die kein Wort Deutsch sprechen und trotzdem erfolgreich Memory spielen.

Das bedeutet glücklicherweise nicht, dass wir Memory jetzt aus dem Sprachförderrepertoire streichen müssen; es gilt lediglich, die richtigen Regeln einzuführen. Grundsätzlich ist darauf zu achten, dass das Spiel- auch von den Kindern (!) - sprachlich begleitet wird. Dies – so können wir argumentieren – dient auch dazu, dass die Lage der Karten besser erinnert wird. Memory ist hervorragend geeignet, um den Artikel und den Plural zu üben.

**Beispiel:**

*S1: (dreht die erste Karte um)*
*Die Zitrone und*
*(dreht die zweite Karte um)*
*die Tomate*
*sind leider kein Paar.*

*S2: Die Karotte und*
*die Gurke*
*sind leider kein Paar.*

*S3: Die Kartoffel und*
*die Kartoffel*
*sind ein Paar.*
*Jetzt habe ich zwei Kartoffeln.*
*...*

Wählen Sie zu Beginn des Spiels immer eine limitierte Anzahl an Karten gemeinsam mit den Kindern aus. Dadurch kann der Wortschatz im Vorfeld wiederholt und abgesichert werden. Auch beim Memory gilt: Weniger ist mehr. Wählen Sie pro Kind nur ein bis zwei Wortpaare, sonst dauert das Spiel viel zu lange. Darüber hinaus ist es sinnvoll, die Regeln dahingehend zu ändern, dass jedes Kind pro Runde nur einmal drankommt, auch wenn es ein Paar gefunden hat; und dass die Kinder, die bereits die kalkulierte Anzahl an Pro-Kopf-Paaren gefunden haben, aussetzen bzw. den anderen helfen.

### Besprechen von Objekten

Das Besprechen von Objekten bzw. deren Abbildungen dient der Wissens- und Spracherweiterung. Dieses sprachliche Handlungsmuster ist bereits wesentlich komplexer als das Benennen von Objekten. Bei der Sprachförderung ist es sinnvoll, am bereits bestehenden Vorwisssen der Kinder anzusetzen. Das heißt, man sollte Objekte wählen, die die Kinder bereits kennen, sodass sie sich in erster Linie auf die Sprache konzentrieren müssen, nicht so sehr auf die Inhalte.

**Beispiel:**

*S: Was ist das?*

*H: Ein Tier.*

*S: Wie heißt das Tier?*

*H: Giraffe.*

*S: Wie viele Beine hat es?*

*H: Vier.*

*S: Ist es groß oder klein?*

*...*

Achten Sie darauf, dass Ihre eigene Vorgehensweise beim Besprechen von Objekten eine Systematik bekommt, die die Kinder wiederum für eigene Zwecke verwenden können (z.B. Kategorie, Aussehen, Lebensraum etc.). Das Besprechen von Abbildungen ist eine Vorstufe für das Beschreiben und Erraten von Abbildungen.

### Beschreiben/Erraten von Objekten

Lassen Sie ein Kind eine Karte ziehen. Das Kind schaut sie sich – zusammen mit Ihnen (!) – kurz an, zeigt sie aber den anderen nicht. Nun gibt es mehrere Varianten, das Objekt zu erraten. Zwei Beispiele seien hier kurz vorgestellt.

**Beispiel 1:**

*S:* *Ist es ein Tier?*
*H:* *Ja.*
*S:* *Wie viele Beine hat es?*
*H:* *Vier.*
*S:* *Ist es groß oder klein?*
*H:* *Groß.*
*S:* *Welche Farbe hat es?*
*H:* *Schwarz und weiß.*
*S:* *Ist es eine Kuh?*
...

**Beispiel 2:**

*S:* *Es ist ein Tier.*
*Es hat vier Beine.*
*Es ist groß.*
*Es hat ein Fell.*
*Es ist schwarz und weiß.*
*H:* *Ist es eine Kuh?*
*S:* *Nein.*
*H:* *Ist es ein Zebra?*
*S:* *Ja.*

Es ist wichtig, sich darüber klar zu werden, dass das sprachliche Handlungsmuster Beschreiben, wie es in Beispiel 2 dargestellt ist, sehr komplex ist und bei der Sprachförderung viele Vorstufen durchlaufen muss. Dabei ist auch zu berücksichtigen, dass man in anderen Sprachen die Dinge vielleicht auch anders beschreibt. Eine mögliche Hinführung zu diesem Handlungsmuster ist Beispiel 1, aber auch das regelmäßige Stempel-Raten, das im Unterkapitel „Empfehlungen für weitere Lehr- und Lernmaterialien" näher beschrieben wird.

### Verb-Pantomime

Ein beliebtes Spiel bei Klein und Groß ist die Verb-Pantomime. Dabei geht es um das Erraten bzw. Erkennen von Tätigkeiten. Zu diesem Zweck sollten Sie ein imaginäres Theater mit „Bühne" und „Publikum" gestalten. Das Publikum (Kinder) sitzt in einer Reihe oder in einem Halbkreis; ihm gegenüber befindet sich die Bühne. Nun kommen die Verb-Bildkarten ins Spiel. Die schwarz-weißen werden als „Programm" ausgelegt. Nun zieht das erste Kind eine farbige Bildkarte, die die anderen Kinder nicht sehen dürfen. Es begibt sich „hinter die Bühne", um – mithilfe der Kursleitung (!) – die Bewegungen oder Positionen auszuprobieren, die seine Verb-Karte ihm abverlangt. Wenn alles klar ist, inszenieren Sie den ersten Akt ...

**Beispiel:**

| | |
|---|---|
| *S1 = Kursleitung:* | *Meine Damen und Herren. Ich darf Ihnen die große Künstlerin Anuschka vorstellen. Ich bitte um einen großen Applaus!* |
| *H = Publikum:* | *(applaudiert)* |
| *S2 = Künstler:* | *(kommt auf die Bühne) (stellt pantomimisch „springen" dar)* |
| *H = Publikum:* | *Springst du?* |
| *S2 = Künstler:* | *Ja. (zeigt dem Publikum seine farbige Verb-Karte und legt sie auf die schwarz-weiße)* |
| *H = Publikum:* | *(applaudiert)* |
| *S2 = Künstler:* | *Vielen Dank! (verbeugt sich)* |

...

Dann folgt der zweite Akt mit dem nächsten Kind. Die sprachlichen Bemühungen und Erfolge liegen bei diesem Spiel weniger beim Künstler als beim Publikum. Immerhin sollte es das Verb in der 2. Person Singular erfragen: *Springst du?* Formen wie *„springen"* oder gar *„du springen"* sollten Sie an dieser Stelle nicht gelten lassen. Verhelfen Sie dem Publikum zu der richtigen Form und lassen Sie es diese im Chor nachsprechen.
Übrigens: Die Ankündigung des nächsten Künstlers kann sicher auch bald von den Kindern übernommen werden.

### Zuordnung von realen Objekten zu den Bildkarten

Lassen Sie die Kinder die Karten ziehen, benennen und auf dem Tisch oder dem Boden auslegen. Danach lassen Sie den Zaubersack herumgehen und reale Objekte ziehen, die mit den Karten übereinstimmen. Das funktioniert besonders gut bei den Themen Essen und Kleidung; für andere Themen kann man natürlich auch Spiel-Objekte benutzen (z.B. Puppenmöbel, Spielzeugfahrzeuge etc.)

**Beispiel:**

*S1: Ich habe einen Apfel (gezogen) und lege ihn zu der Apfel-Karte.*
*S2: Ich habe eine Zitrone (gezogen) und lege sie zu der Zitronen-Karte.*
*S3: Ich habe ein Ei (gezogen) und lege es zu der Ei-Karte.*
...

Es sei darauf hingewiesen, dass diese Beispieläußerung bereits sehr komplex ist und erst mit Kindern auf einer fortgeschrittenen Stufe erarbeitet werden kann. „Erarbeiten" bedeutet u.a., dass die Kursleitung einerseits die Zieläußerung für sich präsent hat und dass sie andererseits die Kinder die Vorgabe nachsprechen lässt. Von sich aus verbalisieren die Kinder solch komplexe Äußerungen fast nie. Für sprachlich schwächere Kinder können natürlich kürzere und einfachere Äußerungen gewählt werden. (Zum ‚Nachsprechen lassen' siehe Kapitel 6 „Grundsätze für die Sprachförderung nach der KIKUS-Methode".)

### Suchspiel: Abgebildete Objekte im Raum wiederfinden

Sie lassen die Kinder Bildkarten ziehen und benennen. In einem zweiten Schritt geht es darum, die abgebildeten Objekte als reale Objekte im Raum zu finden. Dieses Spiel eignet sich hervorragend, wenn etwas Bewegung angesagt ist. Gleichzeitig dient es der Wortschatzerarbeitung oder -vertiefung. Sprachlich können wir auch hier natürlich wieder variieren.

**Beispiel 1:**

*S1: Ich suche einen Stuhl.*
*S2: Ich suche einen Tisch.*
*S3: Ich suche ein Regal.*
*S4: Ich suche eine Lampe.*
...

**Beispiel 2:**

*S1: Ich habe einen Stuhl gefunden.*
*S2: Ich habe einen Tisch gefunden.*
*S3: Ich habe ein Regal gefunden.*
*S4: Ich habe eine Lampe gefunden.*
...

## Objekte Oberbegriffen/Kategorien zuordnen

Das Bilden von Kategorien und das damit verbundene Systematisieren der Welt ist eine wichtige Aufgabe auch schon im Vor- und Grundschulalter. Zu Üben ist dies auf vielerlei Weise. Hier drei Vorschläge.

Für das erste Spiel „Obstgeschäft-Gemüsegeschäft-Restaurant" benötigt man drei Poster, Bilderbücher oder andere Hilfsmittel, die die Kategorien *Obst, Gemüse* und *andere Lebensmittel* symbolisieren; hier kann man natürlich auch wieder die schwarz-weißen Bildkarten zur Hilfe nehmen. Wenn man möchte, kann man dann auch noch die Kinder – evtl. in Teams – zu „Obstverkäufern", „Gemüseverkäufern" und „Restaurantbesitzern" machen. Dann ziehen die Kinder einfach der Reihe nach die gut gemischten farbigen Bildkarten vom verdeckten Stapel. Die Objekte werden den Lokalitäten zugeordnet und dort abgelegt. Am Ende sollte es drei Siegerteams geben!

**Beispiel:**

*S1: Die Zitrone bekomme ich im Obstgeschäft.*
*S2: Die Karotte bekomme ich im Gemüsegeschäft.*
*S3: Den Saft bekomme ich im Restaurant.*
...

Eine einfachere Variante wäre die „Obstschüssel – Gemüseschüssel"

**Beispiel:**

*S1: Die Zitrone gehört zum Obst.*
*S2: Die Karotte gehört zum Gemüse.*
*S3: Der Apfel gehört zum Obst.*
...

Ein zweiter Vorschlag heißt „Tiere und Lebensräume"

**Beispiel:**

*S1: Das Schaf lebt auf dem Bauernhof.*
*S2: Der Affe lebt im Zoo / im Urwald / im Dschungel.*
*S3: Der Fisch lebt im Wasser.*
...

Und ein dritter Vorschlag wäre „Kleidung für kalte und warme Tage"

**Beispiel:**

*S1: Den Schal ziehe ich an, wenn es kalt ist.*
*S2: Die Badehose ziehe ich an, wenn es warm ist.*
*S3: Den Pullover ziehe ich an, wenn es kalt ist.*
...

## Kim-Spiele

Kim-Spiele sind Spiele, bei denen man die Sinneswahrnehmung und die Merkfähigkeit übt. Dies ist auch für die Sprachförderung von großem Nutzen, z.B. um eingeführten Wortschatz zu wiederholen und zu sichern. Drei Varianten seien an dieser Stelle kurz eingeführt. Spielen kann man sie mit allen *KIKUS Bildkarten* aller Kategorien.

Variante 1: Die mit den Kindern eingeführten Bildkarten unter dem Zaubertuch oder im Zaubersack verschwinden lassen.

**Beispiele:**

*S:* *Was liegt nun alles unter dem Tuch? Wer weiß es noch?*

*H1:* *Der Baum.*

*H2:* *Die Blume.*

*H3:* *Das Nest.*

...

*H1:* *Der Verbi, der isst.*

*H2:* *Der Verbi, der schläft.*

*H3:* *Der Verbi, der liegt.*

...

*H1:* *Die auf-Karte.*

*H2:* *Die unter-Karte.*

*H3:* *Die in-Karte.*

...

Variante 2: Fünf eingeführte Bildkarten auswählen und noch einmal sicher gemeinsam benennen. Nun dreht sich ein Kind um und schließt die Augen. Ein anderes Kind darf eine der Karten wegnehmen. Nun ist es an dem ersten Kind, die fehlende Karte zu benennen.

**Beispiel:**

*S:* *Liebes Kind, wie der Wind*
*Dreh dich um, sei nicht dumm.*
*Augen zu, dran bist du.*
*Augen auf, kommst du drauf?*
*Was fehlt?*

*H:* *Das Nest.*

*S:* *Richtig!*

...

Variante 3: Auch das „gute, alte Kofferpacken" gehört zu den Kim-Spielen. Hierbei geht es darum, (eigentlich imaginäre) Kleidungsstücke in einen (eigentlich imaginären) Koffer zu packen, wobei immer die bereits eingepackten Kleidungsstücke in gleicher Reihenfolge noch mit benannt werden müssen. Das ist für die Sprachförderung mit Kindern noch zu schwer. Hier können die Bildkarten eine visuelle Hilfe sein.

**Beispiel:**

*S1:* *Ich packe meinen Koffer und nehme eine Mütze mit.*

*S2:* *Ich packe meinen Koffer und nehme eine Mütze und einen Schal mit.*

*S3:* *Ich packe meinen Koffer und nehme eine Mütze, einen Schal und eine Jacke mit.*

...

Sollte auch dies zu schwierig sein, packt jedes Kind nur sein Kleidungsstück, also seine Bildkarte in den Koffer. Oder man schafft die Möglichkeit, dass die Kinder sehen dürfen, was sich bereits im Koffer befindet.

### Lotto

Lotto kann man – wie alle anderen Spiele auch – in verschiedenen Varianten spielen. Man benötigt die *KIKUS Bildkarten* immer in ihrer doppelten Ausführung.

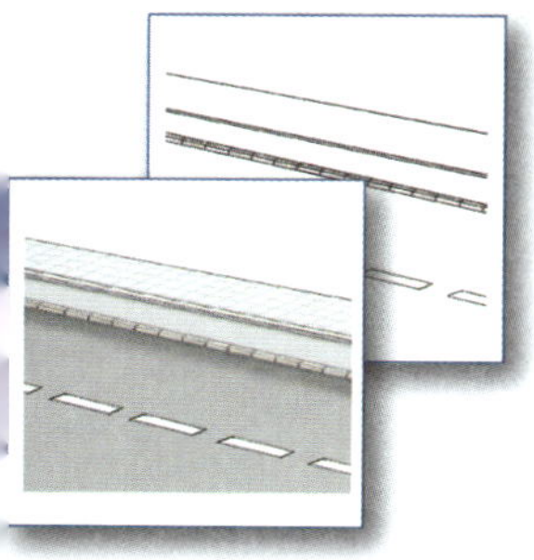

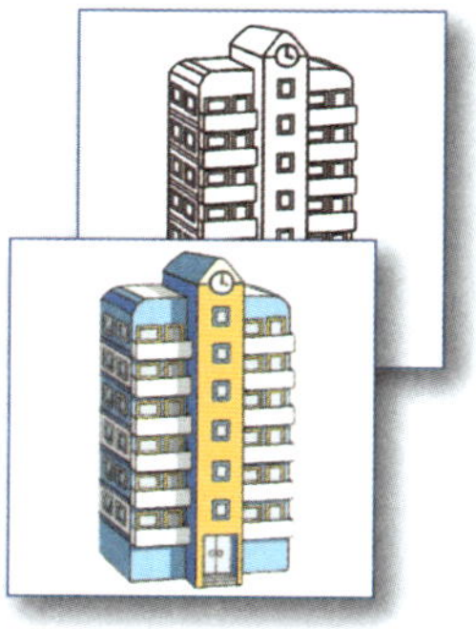

Variante 1: Die schwarz-weißen Bildkarten werden analog zu einem schwarz-weißen Blatt der *KIKUS Bildkärtchen* ausgelegt. Danach ziehen die Kinder nacheinander die gleichen farbigen Karten vom sortierten Stapel, benennen sie (z.B. Das ist das Hochhaus.) und legen sie auf die entsprechende schwarz-weiße Karte. Dieses Spiel kann man auch mit den anderen Wortarten durchführen (z.B. *Das heißt „rot."* oder *Das heißt „liegen"*.).

Lernziele dabei sind:

- Lernen der Lese- und Schreibbewegung von links nach rechts und von oben nach unten
- Wortschatzerwerb bzw. -festigung oder auch -überprüfung, ggf. mit bestimmtem Artikel
- Spielidee für die häusliche Beschäftigung mit den *KIKUS Bildkärtchen* in der Erstsprache oder im Deutschen

Variante 2: Jedes Kind bekommt eine bestimmte Anzahl schwarz-weißer Karten (2-6 Stück). Die entsprechenden farbigen Karten befinden sich im gut gemischten Stapel, der reihum geht (die Kursleitung macht es dreimal vor). Im Frage-Antwort-Verfahren werden die Karten zugeordnet. Diese Variante ist gut geeignet, um den Akkusativ zu üben.

Beispiel:

*S1:* *Wer hat den Krankenwagen?*

*H:* *Ich habe ihn!*

*S2:* *Wer hat die Straße?*

*H:* *Ich habe sie!*

*S3:* *Wer hat das Motorrad?*

*H:* *Ich habe es!*

Beispiel:

*S1:* *Wer hat die Karte „liegen"?*

*H:* *Ich habe sie!*

*S1:* *Wer hat die Karte „malen"?*

*H:* *Ich habe sie!*

Vorteil bei diesem Spiel: Wenn der Stapel abgearbeitet ist, haben alle Kinder gewonnen.

## Duett (Quartettvariante)

Die ausgewählten Karten (pro Kind max. 4) werden durcheinander verteilt: Jedes Kind bekommt eine bestimmte Anzahl an bunten und eine genau so große Anzahl an schwarz-weißen Karten. Nun fragen sich die Kinder gegenseitig nach den Karten in ihrer Hand, um Paare zu bilden, die dann abgelegt werden. Auch hierbei sollte das Reihum-Prinzip eingehalten werden. Geübt werden das Handlungsmuster Frage-Antwort und der Akkusativ; darüber hinaus müssen sich die Kinder gegenseitig mit ihren Namen ansprechen.

**Beispiel:**

*S1: Betül, hast du den Radiergummi?*
*H: Nein. / Ja.*
*S2: Ghayanavan, hast du die Schere?*
*H: Nein. / Ja.*
*S3: Magda, hast du das Heft?*
*H: Nein. / Ja.*
...

Genau so kann man Duett auch mit allen anderen Karten spielen – und auch noch komplexere Äußerungen üben.

**Beispiele:**

*S1: Susanne, hast du den hörenden Verbi? / hast du den Verbi, der hört?*
*S2: Franco, hast du den essenden Verbi? / hast du den Verbi, der isst?*
*S3: Kim, hast du den liegenden Verbi? / hast du den Verbi, der liegt?*
...

*S1: Serhan, hast du die Zahl 3 ?*
*S2: Carla, hast du die Zahl 7 ?*
*S3: Sübeyde, hast du die Zahl 8 ?*
...

## Geschichten legen

Es gibt verschiedene Möglichkeiten, mit den *KIKUS Bildkarten* auch Geschichten zu legen. Egal für welche Form man sich entscheidet, es wird dabei immer das sprachliche Handlungsmuster Erzählen geübt. Dieses mündliche Handlungsmuster ist die Grundlage für jede Form des späteren Aufsatz-Schreibens in der Schule.

Variante 1: Stark gesteuertes Erzählen
Es gibt z.B. verschiedene Lieder auf der *KIKUS CD Guten Morgen*, die ein solch stark gesteuertes Erzählen repräsentieren. Dazu gehören die Lieder „Ich strecke mich" und „Ich ging einmal spazieren". Mithilfe der *KIKUS Bildkarten* kann man diese Geschichte mit den Kindern zusammen reproduzieren (ein Beispiel für das Vorgehen bei dem erstgenannten Lied findet sich auf der *KIKUS Informations-DVD*, Hauptfilm, Kapitel 4 „Die Praxis"). Achten Sie dabei darauf, dass die Kinder die Äußerungen „originalgetreu" wiedergeben.

Variante 2: Hörverstehen üben und überprüfen
Die für eine geplante Geschichte ausgewählten Bildkarten werden an die Kinder verteilt (1-4 Karten pro Kind, abhängig vom Alter). Nun erzählt die Kursleitung die Geschichte.

Immer wenn ein Bildkarten-Wort vorkommt, wird es von dem jeweiligen Kind in die Geschichten-Zeile gelegt (z.B. eine Bank, ein Band o.ä.). Achten Sie darauf, dass die Geschichten grundsätzlich von links nach rechts gelegt werden, damit die unserer Kultur entsprechende Lese- und Schreibrichtung automatisch eingeübt wird. Hinterher können die Kinder die Geschichte nacherzählen – die größeren können sie sogar malen oder schreiben.

Hier ein Anfang für eine Beispiel-Geschichte (zu allen unterstrichenen Wörtern gibt es *KIKUS Bildkarten): Mimi und Momo gingen in den Park. Es war Frühling. Die Sonne schien und es war schon ein bisschen warm. Die Großmutter hatte ihnen erzählt, dass der Osterhase viele, viele Eier im Park versteckt hat. Als sie ankamen, schauten sie sich um: Sie sahen den Brunnen und die beiden Bänke, Bäume und Blumen. In der Ferne sahen sie sogar eine Eisenbahn und eine Burg. Und oben am Himmel flog ein riesengroßer Vogel ...*

...

Variante 3: Verschiedene Bildkarten liegen offen auf einem Tuch. Ein Kind – oder die Kursleitung – wählt eine Karte aus und beginnt damit eine Geschichte zu erzählen und zu legen. Das nächste Kind wählt eine Karte aus, legt sie an und führt die Geschichte in seinem Sinne fort ...

## KIKUS Bildkärtchen

Bei den *KIKUS Bildkärtchen* handelt es sich um die *KIKUS Bildkarten* in Kleinformat – zumindest was die Abbildungen betrifft. Sie sind für die Eltern-Kind-Zusammenarbeit bzw. für die individuelle Arbeit zu Hause gedacht. Mit ihnen können die Lerner die Spiele nachspielen, die sie in der Gruppe gelernt haben, sowie neue Spiele und Übungen erfinden. Die *KIKUS Bildkärtchen* können für die Arbeit mit allen Altersstufen eingesetzt wer-

den. Sie sind auf 20 DIN-A4-Bögen gedruckt. Auf jedem Bogen finden sich 24 Begriffe. Alle Abbildungen gibt es einmal farbig und einmal schwarz-weiß.

Anders als die Bildkarten, die ja für alle Sprachen eingesetzt werden können, sind die Bildkärtchen auf das Lernen bestimmter Sprachen zugeschnitten. Sie stellen quasi ein Basislexikon dar, weil den schwarz-weißen Abbildungen schriftliche Begriffe zugeordnet sind, die in die jeweils eigene Sprache übersetzt werden sollen. Im Falle von DaZ sollte dies möglichst durch die Eltern-Kind-Zusammenarbeit geschehen; im Falle von DaF kann dies in einer sprachhomogenen Lernergruppe natürlich auch im Unterricht erfolgen.

Darüber hinaus enthalten die deutschen Substantiv-Kärtchen oben links jeweils einen leeren Punkt für die Artikelarbeit. Analog zum Versehen der großen *KIKUS Bildkarten* mit verschiedenfarbigen Klebepunkten, können die leeren Punkte auf den Bildkärtchen in den entsprechenden Artikelfarben ausgemalt werden. Die Artikelarbeit sollte – zumindest mit den noch nicht alphabetisierten Kindern – unbedingt gemeinsam in der Gruppe gemacht werden. Dabei ist es ratsam, zunächst die farbigen Bildkärtchen-Bögen zu dritteln oder zu teilen, denn die Bearbeitung von 24 Begriffen auf einmal ist meistens zu viel.

Die Kinder bekommen die Abschnitte mit den Kärtchen, werden aufgefordert, die entsprechend farbigen Buntstifte hervorzuholen und es geht los. Auch diese Form der Artikelarbeit kann nach dem Reihum-Prinzip durchgeführt werden. Man kann das Spiel „Schule" nennen und jedes Kind kann 1-3 Artikel lang der „Lehrer" sein. Die Kursleitung übernimmt derweil seine „Schüler"-Position. Zum Aufbewahren der *KIKUS Bildkärtchen* benötigen die Kinder ein sicheres Behältnis z. B. ein festes Kuvert.

## KIKUS Arbeitsblätter für die Eltern-Kind-Zusammenarbeit

*KIKUS Arbeitsblätter* sind Aufgabenblätter zu unterschiedlichen Themen aus dem Alltagsleben der Kinder. Sie dienen der häuslichen Förderung der kindlichen Mehrsprachigkeit oder als ergänzendes Arbeitsmaterial für den Unterricht Deutsch als Fremdsprache. Die Arbeitsblätter können durch die Blätter des *KIKUS Liederhefts Guten Morgen* und durch die *KIKUS Bildkärtchen* frei ergänzt werden.

Die zum Teil farbigen Arbeitsblätter sind auf extra starkem Papier gedruckt, damit die kindliche Freude an den eigenen Werken länger hält. Zur Aufbewahrung der Arbeitsblätter benötigen die Kinder zusätzlich einen schmales festes Ringbuch (Ordner mit Drahtniederhalter). Wer einmal erlebt hat, mit welchem Stolz die Ordner immer wieder angeschaut und herumgezeigt werden und in welchem Maße die Kinder sich auf diese Weise immer wieder mit Sprache beschäftigen, wird ihre Begeisterung nicht wieder vergessen. Deshalb sollten die Arbeitsblätter unbedingt im Original verwendet werden und nicht als Kopiervorlagen. Der Unterschied in den Kinder-Ordnern wird nach kürzester Zeit deutlich sichtbar. Durch die Stärke der Blätter laufen auch die kleineren Kinder nicht Gefahr, durch zu starkes Aufdrücken mit den Stiften die Blätter zu beschädigen. Darüber

hinaus reißen die Löcher zum Einheften der Blätter wesentlich seltener aus als bei gängigem Papier. So lernen die Kinder über die Sprache hinaus, einen Ordner zu benutzen und zu pflegen; und sie entwickeln ein grundsätzlich positives Verhältnis zum Thema „Hausaufgaben".

Ein Teil der Arbeitsblätter kann von den Kindern eigenständig bearbeitet werden, da hierbei die Aufgabe lediglich im Malen bzw. Ausmalen besteht. Andere Aufgaben umfassen darüber hinaus Arbeitstechniken wie Ausschneiden und Kleben. Prinzipiell sollten die Eltern dazu angehalten werden, die Kinder bei den „Hausaufgaben" zu begleiten. Unerlässlich ist dies, wenn Schreibaktivitäten in der Aufgabenstellung gefordert sind (auch bei Kindern im frühen Grundschulalter). Hierbei geht es um das Verschriftlichen in der Erstsprache, das von den Kindern nicht als eigenständige Tätigkeit erwartet werden darf. Auf Deutsch ist ein Wortschatz vorgegeben, der gemeinsam mit den Eltern in die jeweilige Erstsprache übersetzt und von den Eltern in die vorgegebenen Kästchen eingetragen werden soll.

Durch die Eltern-Kind-Zusammenarbeit soll neben dem Deutschen auch die jeweilige Erstsprache der Kinder gefördert werden. So baut das Kind den Grundwortschatz parallel in seinen beiden Bezugssprachen auf. Grammatische Strukturen und sprachliche Handlungsmuster erwirbt das Kind ebenfalls in beiden Sprachen, weil über die Aufgaben und Spiele in der Sprachförderung auf Deutsch und zu Hause in der Erstsprache gesprochen wird. Grundsätzlich geht es bei der Eltern-Kind-Zusammenarbeit darum, dass die Eltern zu gemeinsamen sprachlichen Aktivitäten mit ihren Kindern angeregt werden, die Kinder dieses positive Erleben in die Gruppe zurücktragen und dafür Anerkennung erfahren. Alle Sprachen haben die gleiche Wertigkeit! So wächst das Bewusstsein des Kindes für seine Zweisprachigkeit auf einer gesunden Grundlage. Dies bildet die Basis für eine künftige kompetente Zwei- und Mehrsprachigkeit. Das Konzept der Arbeitsblätter ist so angelegt, dass auch Eltern mit geringen Vorkenntnissen ohne Scheu mitmachen können. (Siehe auch Kapitel 2 „Die drei Bausteine der KIKUS-Methode, Unterkapitel „Die Förderung der Erstsprachen durch das Elternhaus")

Die Erstsprachen sollten immer in den **eigenen Schriftsystemen** eingetragen werden, z.B. Arabisch in arabischen Schriftzeichen, Russisch in kyrillischen etc. Es geht nicht darum, dass die Kursleitung alle Übersetzungen lesen kann, sondern darum, dass die Kinder grundsätzlich ein frühes Verhältnis zur Mehrsprachigkeit und zur Schrift entwickeln. Es ist nicht sinnvoll, die Übersetzungen komplett „abzufragen"; ein gelegentliches Thematisieren einzelner Begriffe (wie z.B. *Bauch* oder *Nase*) reicht für unsere Zwecke vollkommen aus und regt meistens zu einem lebhaften Austausch über die Sprachen an.

Auch bei einer frühen Förderung des Deutschen als Fremdsprache im Ausland können die Eltern auf die gleiche Weise am Lernprozess der Kinder teilnehmen. Falls dies nicht funktioniert, können die Arbeitsblätter natürlich auch im Unterricht bearbeitet werden. Sollte kein Wert darauf gelegt werden, dass die Erstsprache der Kinder aktiv einbezogen wird, können die Kästchen durch das Abschreiben der deutschen Begriffe ausgefüllt werden.

Zu den Themen, die mithilfe der *KIKUS Arbeitsblätter* bearbeitet werden können, siehe Kapitel 4 „Thematischer Jahreszyklus".

## KIKUS CD Guten Morgen

Mit Liedern lernt sich vieles leichter, insbesondere komplexere sprachliche Wendungen schleifen sich gut ein. Hinzu kommt das Element der Bewegung, das sich positiv auf die sprachliche und gesamte Entwicklung der Kinder auswirkt.

Auf der *KIKUS Audio-CD Guten Morgen* finden sich 11 teilweise traditionelle und teilweise neue Bewegungslieder, die gezielt für bestimmte Themen der Sprachförderung im Deutschen eingesetzt werden können:

| Nr. | Titel: | Themen: | Dauer: |
|---|---|---|---|
| *1* | *Guten Morgen* | *Begrüßen* | *1:43* |
| *2* | *Tschuff-Eisenbahn* | *Reisen, Länder, Namen* | *2:54* |
| *3* | *Wo sind meine Hände* | *Körper* | *1:44* |
| *4* | *Das bin ich* | *Körper* | *1:15* |
| *5* | *Zehn kleine Finger* | *Körper, Sinne* | *1:39* |
| *6* | *Ich strecke mich* | *Morgenritual* | *0:46* |
| *7* | *Hampelmann* | *Kleidung* | *3:14* |
| *8* | *Mein Hut* | *Kleidung, Formen* | *1:49* |
| *9* | *Ich ging einmal spazieren* | *Familie, Umwelt* | *3:35* |
| *10* | *So geht der Schwanz* | *Tiere* | *1:24* |
| *11* | *Ich kenn' eine Mutter* | *Jahreszeiten* | *1:01* |

Bekannte Lieder wurden z.T. vereinfacht und in einem gemäßigten Tempo aufgezeichnet, sodass das Mitsingen wirklich funktionieren kann. Trotzdem: Wenn ein neues Lied eingeführt wird, sollte es zunächst ein- bis zweimal angehört werden. Dann sollte es ohne CD (!) mit den Kindern gesungen werden – ebenfalls ein- bis zweimal. Dafür ist es natürlich erforderlich, dass die Kursleitung den Text sicher kennt. So kann das Tempo exakt an die sprachliche Situation in der Gruppe angepasst werden.

Die Lieder der CD werden nach und nach im Kurs passend zum jeweiligen Thema eingeführt und dann in den folgenden Sitzungen immer wieder gesungen. Die Lieder 1 „Guten Morgen" und 6 „Ich strecke mich" eignen sich gut für das Anfangsritual, das Lied 2 „Tschuff-Eisenbahn" ist „der Renner", um die Stunde abzuschließen. Aber selbstverständlich kann man auch dabei variieren.

Wenn bereits mehrere Lieder eingeführt worden sind – nach circa 7 bis 10 Fördereinheiten –, sollte jedes Kind eine eigene CD bekommen (z.B. als „Weihnachtsgeschenk", von den Eltern finanziert). So werden die Sprachförderinhalte auch mit nach Hause genommen. Die Kinder entwickeln erst dann ein echtes Interesse daran, die CD häufiger anzuhören und die Lieder mitzusingen, wenn sie bereits einige Lieder kennen.

Zur Unterstützung bei der Arbeit mit den Liedern gibt es das *KIKUS Liederheft Guten Morgen.*

## KIKUS Liederheft Guten Morgen

Das *KIKUS Liederheft* enthält 11 Ausmalbilder bzw. Aufgabenblätter, die Texte und Bewegungsanleitungen zu den Liedern der *KIKUS CD Guten Morgen.* Analog zu den *KIKUS Arbeitsblättern* ist auch das Liederheft als Loseblattsammlung konzipiert (pro Lied ein Blatt) und auf extra starkem Papier gedruckt. So können die Blätter des Liederheftes die Arbeitsblätter optimal ergänzen.

Hier als Beispiel das Lied 10 „So geht der Schwanz":

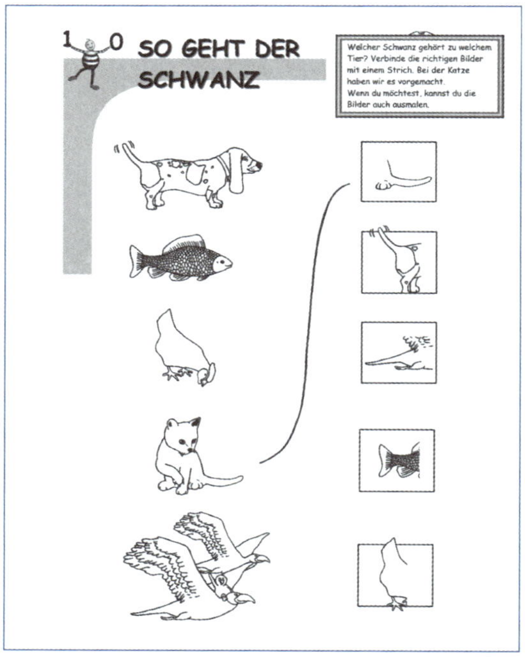


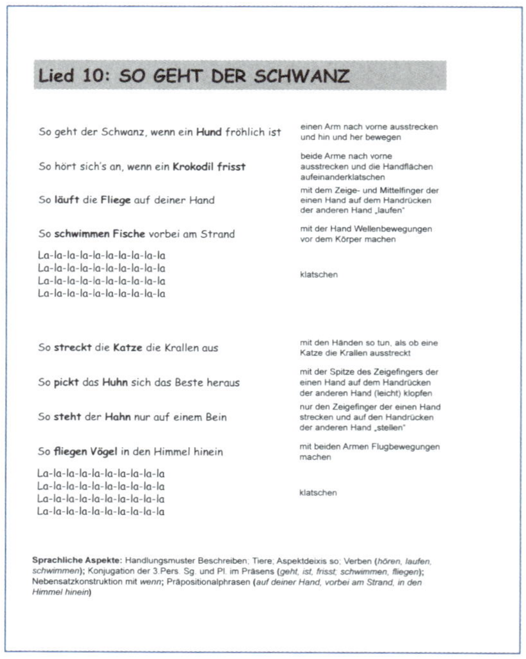

**Lied 10: SO GEHT DER SCHWANZ**

| | |
|---|---|
| So geht der Schwanz, wenn ein **Hund** fröhlich ist | einen Arm nach vorne ausstrecken und hin und her bewegen |
| So hört sich's an, wenn ein **Krokodil frisst** | beide Arme nach vorne ausstrecken und die Handflächen aufeinanderklatschen |
| So **läuft** die **Fliege** auf deiner Hand | mit dem Zeige- und Mittelfinger der einen Hand auf dem Handrücken der anderen Hand „laufen" |
| So **schwimmen Fische** vorbei am Strand | mit der Hand Wellenbewegungen vor dem Körper machen |
| La-la-la-la-la-la-la-la-la-la<br>La-la-la-la-la-la-la-la-la-la<br>La-la-la-la-la-la-la-la-la-la<br>La-la-la-la-la-la-la-la-la-la | klatschen |
| So **streckt** die **Katze** die Krallen aus | mit den Händen so tun, als ob eine Katze die Krallen ausstreckt |
| So **pickt** das **Huhn** sich das Beste heraus | mit der Spitze des Zeigefingers der einen Hand auf dem Handrücken der anderen Hand (leicht) klopfen |
| So **steht** der **Hahn** nur auf einem Bein | nur den Zeigefinger der einen Hand strecken und auf den Handrücken der anderen Hand „stellen" |
| So **fliegen Vögel** in den Himmel hinein | mit beiden Armen Flugbewegungen machen |
| La-la-la-la-la-la-la-la-la-la<br>La-la-la-la-la-la-la-la-la-la<br>La-la-la-la-la-la-la-la-la-la<br>La-la-la-la-la-la-la-la-la-la | klatschen |

**Sprachliche Aspekte:** Handlungsmuster Beschreiben; Tiere; Aspektdeixis so; Verben (*hören, laufen, schwimmen*); Konjugation der 3.Pers. Sg. und Pl. im Präsens (*geht, ist, frisst; schwimmen, fliegen*); Nebensatzkonstruktion mit *wenn*; Präpositionalphrasen (*auf deiner Hand, vorbei am Strand, in den Himmel hinein*)

Zu jedem Lied gibt es Informationen darüber, welche Aspekte der Sprache damit speziell gefördert werden können. Es ist beeindruckend, wie viele allein in dem Beispiel-Lied „stecken", nämlich u.a.

- Sprachliches Handlungsmuster: Assertion (Aussage) / Beschreiben
- Wortschatz: Tiere
- Verbkonjugation der 3. Person Singular (*geht, ist, frisst etc.*) und Plural (*schwimmen, fliegen*)

- Nebensatzkonstruktion mit *wenn*
- Präpositionalphrasen (*auf deiner Hand, vorbei am Strand, in den Himmel hinein*)

Das *KIKUS Liederheft* soll Fachkräften aus dem Sprachförderbereich DaZ und DaF, Eltern und Kindern helfen, die Lieder auf der CD gut zu verstehen, zu singen und didaktisch umzusetzen. Die Eltern haben durch die Vorlage der Texte die Möglichkeit, die Lieder mit ihren Kindern gemeinsam zu singen; die Kinder können die zu den Texten gehörenden Bilder ausmalen bzw. bearbeiten, während sie die CD zu Hause anhören. So werden verschiedene Sinne angesprochen, und der Lernerfolg wird entsprechend gesteigert.

## Empfehlungen für weitere Lehr- und Lernmaterialien

Mit den KIKUS Lehr- und Lernmaterialien können zwar viele Bereiche der Sprachförderarbeit abgedeckt werden, aber natürlich bei Weitem nicht alle. Deshalb soll an dieser Stelle noch auf eine Auswahl weiterer Materialien hingewiesen werden, die sich in der Sprachvermittlung mit Kindern gut bewährt haben.

### Lernutensilien zur Ausgabe an die Kinder

Zunächst seien einige Lernutensilien erwähnt, die unserer Erfahrung nach an die Kinder ausgegeben werden sollten, damit der Umgang mit den KIKUS Materialien bestmöglich gewährleistet ist. Alle Kinder unserer eigenen Sprachförderkurse erhalten neben den *KIKUS Arbeitsblättern*, der *KIKUS CD Guten Morgen* und dem *KIKUS Liederheft Guten Morgen* noch

- einen schmalen, festen **Ordner** mit Drahtniederhalter (Ringbuch), in dem die Arbeitsblätter gesammelt werden können. Wenn es gelingt, diese Ringbücher in verschiedenen Farben anzuschaffen, können diese Farben bereits in der ersten Stunde thematisiert werden (z.B. *Ich möchte bitte einen blauen Ordner. / Ich möchte bitte einen roten Ordner.*)
- ein 12er-Set **Holzfarbstifte**, damit die Arbeitsblätter bearbeitet werden können. Unserer Erfahrung nach sind solche Stifte nicht in jedem Haushalt vorhanden.
- eine **Stofftasche**, damit Ordner und Stifte sicher von einem Ort zum anderen kommen. Die Tasche kann mit einem Selbstportrait bemalt werden.
- einen Plastikumschlag o.ä. **Behältnis für die *KIKUS Bildkärtchen***

An dieser Stelle drängt sich natürlich die Frage auf: Wer soll das alles bezahlen? Antwort: die Eltern. Die meisten Eltern habe ein großes Interesse an der Bildung ihrer Kinder. Und deshalb sind die meisten Eltern auch bereit, etwas dafür zu zahlen, z.B. eine Materialgeldpauschale. Und wenn Eltern etwas für eine Fördermaßnahme zahlen, sind sie auch normalerweise sehr interessiert daran, dass ihre Kinder regelmäßig teilnehmen, ihre Arbeitsutensilien dabeihaben und ihre „Hausaufgaben" machen. Ein äußerst positiver Nebeneffekt, der dem Motto „Was nichts kostet, ist nichts wert" entgegenwirkt. Falls Eltern nicht oder nur teilweise für die Lernmaterialien aufkommen können, was natürlich auch vorkommt, werden häufig andere Wege gefunden: Spender, Sponsoren, öffentliche Mittel usw.

### Lehrmaterialien für die Kursleitung / Gruppenarbeit

Die folgende Auflistung weiterer Materialien und Ideen für die Gruppenarbeit ist lediglich eine kurz gefasste Auswahl. Der Fantasie sind wirklich keine Grenzen gesetzt!

### Zaubersack und Zaubertuch

Unerlässlich für „Sprachzauberer" sind – wie bereits schon öfter erwähnt – Zaubersack und Zaubertuch. Beides dient dem Spannungsaufbau und damit der Motivation der Kinder. Im Zaubersack kann fast alles versteckt, gefühlt und erraten werden. Dabei kann man keine Fehler machen. Unter dem Zaubertuch kann man vieles verstecken. Und wenn man auf etwas nicht zeigen kann, dann muss man es benennen oder umschreiben. Diese Utensilien müssen nichts Großartiges sein; einige unserer Kursleitungen verwenden Kopfkissenbezüge, die gleichzeitig als Sack und Tuch dienen. Hauptsache ist, Sie können damit zaubern ...

### Puppen „Mimi" und „Momo"

Der Einsatz von Puppen ist ein altbewährtes pädagogisches Prinzip, das auch für die Sprachförderung sehr gut genutzt werden kann. Puppen schaffen Vertrauen, durch sie kann man sprechen, mit ihnen kann man trösten, sie können Geschichten erzählen, Briefe schreiben, sich verstecken ... Wichtig ist, dass Mimi und Momo keine Handpuppen sind; sie sollten eher etwas zum in den Arm nehmen sein und gerade in der Anfangsphase an die Kinder abgegeben werden. Außerdem sollten Mimi, das Mädchen, und Momo, der Junge, etwa in dem Alter der Kinder sein (also weder Babypuppen noch Barbiepuppen); so wie die Mimi und der Momo, die die Kinder durch die KIKUS Materialien begleiten.

### Belohnungsbilder/Stempel/Aufkleber

Ob nun ein handgezeichnetes Bild (z.B. Sonne, Baum, Maus, ...), ein Stempel oder ein Aufkleber – Kinder freuen sich immer über Belohnungen. Sie können z.B. für die bearbeiteten Arbeitsblätter verteilt werden. Allerdings nicht einfach so, sondern auch diese Gelegenheit kann sprachlich genutzt werden. Dabei hilft in einem ersten Schritt das Stempel-Raten (kann natürlich auch mit Zeichnungen und Aufklebern durchgeführt werden): Die Kursleitung zaubert den jeweiligen Stunden-Stempel heraus und versteckt das Motiv in ihrer Hand. Jetzt darf jedes Kind einmal raten: *Ist es ein Auto? - Vielleicht. / Ist es ein Stern? - Vielleicht. / ...* Warten Sie mit der Antwort – auch wenn die Lösung unterwegs schon fällt – am besten, bis auch das letzte Kind an der Reihe war. Falls die Lösung bis dahin noch nicht kam, können beschreibende Tipps helfen: *Es ist ein Tier. Es hat vier Beine. Es ist klein.* Usw.

Nach ca. 10 Fördereinheiten kann der Stempel an das erste Kind abgegeben werden, damit es die Aufgabe der Kursleitung übernimmt. So kann peu à peu das Handlungsmuster Beschreiben eingeführt werden. Wenn dann das Bild erraten wurde (z.B. Maus), sollten Sie die Kinder um den Stempel bitten lassen: *Ich möchte bitte einen Maus-Stempel.* Hat ein Kind seinen Ordner nicht dabei (was meistens auf die Vergesslichkeit der Eltern zurückzuführen ist) oder das Blatt nicht bearbeitet, bekommt es einfach einen Stempel auf die Hand; die kleine Maus soll das Kind an das Arbeitsblatt erinnern.

### Sprechkugel und Hörmuschel

Sprechkugel, -stein oder -stab werden inzwischen häufig bei Gesprächsrunden (z.B. im Stuhlkreis) eingesetzt. Auch in der Sprachförderung sind sie erfolgreiche Helfer, wenn es um das Strukturieren von Kommunikation geht. Wer das Sprechsymbol in der Hand hält, hat das Rederecht, die anderen hören zu. Weil das Zuhören aber auch für Kinder nicht immer einfach ist, kann man die Hörmuscheln hinzu nehmen. Hilfreich ist es, mal einen Gruppensatz etwas größerer Muscheln aus dem Zaubersack zu zaubern und alle Kinder mal ganz still daran horchen zu lassen. Später hilft es schon, die gehöhlte Hand als Symbol ans Ohr zu legen.

### Reale Objekte und deren Miniaturvarianten

Reale Materialien sind das Optimale für die Sprachförderarbeit wie für das Lernen überhaupt. Es wird ein Maximum an Sinnen angesprochen – und je sinnlicher die Erfahrung desto besser der Erinnerungseffekt, auch in Bezug auf Sprache. Kinder lieben aber natürlich auch die Miniaturausführungen realer Objekte wie z.B. Puppenmöbel, Puppenkleidung, Puppengeschirr, Utensilien aus dem Kaufmannsladen, Spielzeugautos etc. Allerdings ist Vorsicht angesagt: Diese Objekte verleiten leicht dazu, die Sprachförderung auf die Wortschatzarbeit zu beschränken. Man muss sich also gut überlegen, wie man damit auch noch andere Aspekte der Sprache fördern kann.

### Bilderbücher

Bilderbücher bilden. Deshalb sind auch sie ein Muss in der Sprachförderung. Bilderbücher zeigen, was sie sagen. Und die meisten sind in einer Sprache geschrieben, die die Kinder sonst nie hören: *Am Montag fraß sie sich durch einen Apfel, aber satt war sie noch immer nicht.* Die Vergangenheitsform *fraß* , die sich z.B. in der Geschichte von der „kleinen Raupe Nimmersatt" findet, wird in der mündlichen Sprache normalerweise nicht verwendet; im Mündlichen heißt es: *sie hat gefressen.* Bilderbücher bereiten Kinder inhaltlich auf die Schriftsprache vor. Durch Bilderbücher lernen die Kinder kulturspezifische Erzählmuster kennen und können sie sich darüber aneignen. Bilderbücher verleiten zum Nachspielen im Rollenspiel. Und und und. Doch auch hier wieder einige Vorsichtsgebote: Bilderbücher, die einer bestimmten Altersstufe angemessen sind, überfordern die Kinder nicht-deutscher Erstsprache. Sie sind sprachlich zu hoch angesetzt; die Kinder können relativ schnell nicht mehr folgen und „steigen aus". Nutzen Sie einfach schöne Bücher, die für jüngere Kinder konzipiert sind. Achten Sie darauf, dass die Bilder selbst klar und gut erkennbar sind, und dass sie gut zum Text passen.

### Brettspiele, Kartenspiele etc.

Alle Arten von Spielen (Brettspiele, Kartenspiele, Ratespiele, Magnetspiele usw.) sind natürlich auch für die Sprachförderung geeignet – oder können geeignet gemacht werden. Was bereits oben für Memory gesagt wurde, gilt auch für andere Spiele: Wenn Sprache nicht zu den Regeln gehört, muss sie als Regel eingeführt werden. Es gibt auch Spiele, die von Haus aus auf die Verwendung von Sprache angewiesen sind (z.B. Quartett) oder inzwischen direkt für die Sprachförderarbeit konzipiert wurden. Allerdings: Viele dieser Spiele sind zwar sehr gut durchdacht, aber in ihrer Durchführung sehr kompliziert. Am besten ist, man probiert sie vorher aus.

### Rollenspiele/Theaterspiele

Rollenspiele sind Sprachförderung an sich. Kinder üben in Rollenspielen die Handlungsmuster der sie umgebenden Kultur/-en ein – auch die sprachlichen. Rollenspiele helfen, die Welt wahrzunehmen, die Wahrnehmung zu reflektieren, die Muster auszuprobieren und zu üben. Gut strukturiert können Rollenspiele sehr gut für die Sprachvermittlung genutzt werden. Nehmen wir das Beispiel Einkaufen. Beim Kaufmannsladen-Spiel wird das komplexe Handlungsmuster komplett abgearbeitet: *Guten Tag. - Guten Tag. / Was darf es sein? (o.ä.) - Ich möchte bitte ... / Bitteschön. - Dankeschön. / Was kostet das? - Drei Euro. / Bitte. - Danke. / Auf Wiedersehen. - Auf Wiedersehen.* Achten Sie auch hier wieder darauf, dass das Reihum-Prinzip eingehalten wird; so kann z.B. das Kind, das gerade eingekauft hat, als nächstes der Verkäufer sein; die anderen Kinder stehen derweil als Kunden in einer Schlange an. Ein anderes Beispiel: Ich persönlich nutze eine

verkürzte Variante des Einkaufen-Spiels, wenn ich mit den Kindern das Thema Farben + Formen bearbeite. Ich habe verschiedene laminierte Formen (Kreise, Dreiecke, Quadrate, Rechtecke) in vielen Farben. Die Kinder sollen sich Formen aussuchen und daraus ein eigenes Bild legen. Ich bin die „Verkäuferin" und die Kinder müssen die Formen bei mir „einkaufen": *Was möchten Sie? - Ich möchte bitte das rote Dreieck. / Bitte. - Danke.* Oder, wenn die Kinder schon weiter sind: *Was darf es sein? - Ich hätte gerne das rote Dreieck, den gelben Kreis und das grüne Quadrat. / Bitte. - Danke.* Darüber hinaus kann man kleine oder größere Theaterstücke konzipieren, die man außer der eigenen Gruppe (siehe oben „Verb-Pantomime") natürlich auch anderen vorspielen kann ...

**Fingerspiele**

Auch viele Fingerspiele sind gut für die Spracharbeit geeignet, vor allem, um Kommunikationsstrukturen (zwei Hände) und des Verbalisieren komplexerer Äußerungen einzuüben. Die häufig gewählte Reimform unterstützt dies. Darüber hinaus können auch hiermit Erzählstrukturen eingeübt werden. Und sie machen den Kindern großen Spaß!

**Bewegungsspiele**

Bewegungsspiele sind gut und notwendig für die Sprachförderung. Bewegung lockert auf, spricht viele verschiedene Sinne an, macht Freude. Über relativ simple Varianten kann der Wortschatz wiederholt werden. Beispiel 1: Farbige Blätter (oder andere Objekte) werden im Raum verteilt. Die Kursleitung ruft: *Rot!* Und alle Kinder laufen zum roten Objekt. Dann kommt das erste Kind an die Reihe. Es ruft: *Gelb!* Und alle Kinder laufen zum gelben Objekt. Usw. Das gleiche Spiel kann auch z.B. zum Thema Essen oder zum Thema Wohnen durchgeführt werden. Auch dafür werden entsprechende Bilder (am besten laminiert) im Raum verteilt oder an die Wände gehängt. Beispiel 2: *Alle Kinder essen jetzt Schokolade!* Oder Beispiel 3: *Alle Kinder laufen ins Wohnzimmer!* Darüber hinaus gibt es natürlich auch altbekannte und neuere Bewegungsspiele, die allesamt für die Sprachförderarbeit fruchtbar gemacht werden können (z.B. „Fischer, Fischer, welche Fahne weht heute?" oder das „Parkplatz"-Spiel)

Wie man sieht, kann man im Prinzip wirklich fast alle Alltagsgegenstände, Spiele und Übungen für die Sprachförderarbeit verwenden, man muss nur wissen wie. Dazu mehr in den folgenden Kapiteln.

### Die Schreibwerkstatt für Kinder ab 8 Jahren

Eine letzte Idee, die hier kurz vorgestellt werden soll, ist die der „Schreibwerkstatt". Dieser Begriff wird heute in unterschiedlicher Weise verwendet; hier ist damit gemeint, mit den Kindern einer Gruppe zusammen ein Buch zu schreiben, das nach Fertigstellung kopiert und – wenn möglich – sogar verkauft wird (z.B. auf einem Fest der Einrichtung). Geeignet ist die Schreibwerkstatt vor allem für Kinder ab 8 Jahren, um die mündliche Sprache, die bei der KIKUS-Methode im Vordergrund steht, durch eine schriftsprachliche Komponente zu ergänzen.

Die Idee geht auf die österreichische Grundschullehrerin Katharina Soukup zurück, die die Schreibwerkstatt über einen Zeitraum von zwei Wochen mit ihrer Klasse durchgeführt und damit hervorragende Erfahrungen gemacht hat. Die Technik kann für die Sprachförderung mit Grundschulkindern sehr gut adaptiert werden.

Und so geht es: Die Kursleitung bespricht die Idee der Erstellung und Veröffentlichung eines gemeinsamen Buches mit den Kindern. Es werden – abhängig vom zeitlichen Rah-

men – fünf bis zehn Themen ausgesucht, die in das Buch aufgenommen werden sollen. Man schaut sich ein paar Bücher an, die als Beispiele dienen können. Titel, Themen, Gliederung und andere Faktoren werden also gemeinsam festgelegt – selbst die Kosten können zusammen kalkuliert werden.

Beliebte Themen sind z.B.:

- Das bin ich
- Meine Familie
- Mein Lieblingstier
- Mein Traumhaus
- Wenn ich groß bin

Dann startet man mit dem ersten Thema. Die Kinder dürfen schreiben und malen; beides hat absolut die gleiche Wertigkeit. Das erste Thema sollte auf jeden Fall in der Gruppe bearbeitet werden, das Texten zu den nächsten Themen kann dann als Hausaufgabe durchgeführt werden. Wenn alle Kinder fertig sind, geht es ans Wertschätzen (alle Bemühungen sind zu loben!) und ans Korrigieren (das ist ganz normal, wenn ein Buch gemacht wird). Die bisherigen Erfahrungen mit der Schreibwerkstatt haben deutlich gezeigt, dass die Kinder ein großes Interesse daran haben, ihr Buch richtig und schön zu machen. Das heißt: Sie bemühen sich einerseits zunehmend um eine leserliche Schrift (sofern sie sie noch nicht haben) und andererseits sind sie Fehlerkorrekturen gegenüber absolut aufgeschlossen. Allerdings: Sie müssen nichts „noch mal abschreiben", wenn sie es nicht selbst möchten. Beim Korrigieren der Fehler sind alle Hilfsmittel erlaubt: Radiergummi, Tipp-Ex, weiße Aufkleber. Das sieht man hinterher, wenn die Blätter kopiert werden, sowieso nicht mehr (vorher ein paar Probekopien mit den Kindern machen).

Man kommt so weit, wie man kommt. Wenn innerhalb eines Kurses nur fünf Themen bearbeitet werden können, wird bei sechs Kindern immerhin schon ein mindestens 30-seitiges Buch daraus. Das ist bereits ein ziemlich großes Werk.

# 4 Thematischer Jahreszyklus der Sprachförderung

Die zeitliche Basiseinheit der Sprachförderung bildet optimalerweise – wenn auch nicht notwendigerweise – der Schuljahreszyklus, dem neben den Schulen in der Regel auch die Kindertagesstätten und andere Betreuungseinrichtungen folgen.

Die thematische Progression verläuft in ihren Grundzügen vom **Ich** und dem eigenen **Körper** über das persönliche Umfeld (**Familie, Kleidung, Essen** etc.) in die „weite Welt" hinaus (**Tiere, Umwelt** etc.).

Die Themen können und sollten in Absprache mit der Einrichtung angepasst und variiert werden. Wenn die Gesamtgruppe z.B. einen Ausflug in den Wald macht, kann das Thema **Wald** dem Ausflug vorgeschaltet oder angeschlossen werden. Je näher die gezielte Sprachförderung an der gelebten Realität der Kinder bleibt, desto besser.

Ein thematischer Schuljahreszyklus kann etwa folgenden Ablauf haben. Zu den meisten dieser Themen gibt es auch KIKUS Lernmaterialien. Die in der folgenden Übersicht verwendeten Abkürzungen sind: BK = Bildkarten + Bildkärtchen, AB = Arbeitsblätter, LH = Lied auf der CD + Liederheft, So = sonstige Auswahlvorschläge.

| | |
|---|---|
| Ich | *AB Foto*<br>*AB Das bin ich*<br>*AB Interview*<br>*LH Das bin ich* |
| **Ich – Du – Gruppe** | *AB Foto*<br>*So: Anwesenheitsspiel „Ich bin da und du bist da. Ist denn auch (der / die) NAME da?"* |
| Körper | *BK Körper*<br>*AB Teddy*<br>*AB Gesicht*<br>*LH Wo sind meine Hände*<br>*LH Zehn kleine Finger*<br>*LH Das bin ich* |
| **Familie** | *BK Familie*<br>*AB Mimis und Momos Familie*<br>*AB Meine Familie*<br>*LH Ich ging einmal spazieren* |
| **Kleidung** | *BK Kleidung*<br>*AB Kleidung*<br>*LH Hampelmann* |
| **Arbeitsmaterialien** | *BK Schule*<br>*AB Schule* |
| **Farben** | *BK Adjektive; alle Substantive*<br>*AB Farben* |

| | |
|---|---|
| Tiere | *BK Tiere*<br>*AB Tiertürme*<br>*AB Lieblingstier*<br>*LH So geht der Schwanz* |
| Weihnachten | *AB Weihnachten* |
| Essen | *BK Essen*<br>*AB Die kleine Raupe*<br>*AB Das esse ich gerne* |
| Zahlen | *BK Zahlen, Zeichen*<br>*AB Die kleine Raupe*<br>*AB Tiertürme* |
| Fasching/Karneval | *AB Fasching* |
| Tätigkeiten | *BK Verben*<br>*AB Verbis Tag*<br>*LH Guten Morgen*<br>*LH Ich strecke mich* |
| Wohnen | *BK Wohnen*<br>*AB Bau dir ein Haus*<br>*AB Wohnen* |
| Formen | *BK Formen*<br>*AB Bau dir ein Haus*<br>*AB Formenclown*<br>*LH Mein Hut* |
| Ostern | *AB Ostern* |
| Umwelt | *BK Umwelt*<br>*AB In der Stadt*<br>*AB Ostern*<br>*LH Ich ging einmal spazieren*<br>*So: Ausflug machen und reflektieren (z.B. danach einen Plan erstellen)* |
| Zeit | *AB Verbis Tag*<br>*LH Ich kenn eine Mutter* |
| Wetter | *So: Fingerspiel „Sonne, Regen, Nebel, Schnee. Mal sehen, ob ihr wisst, welches Wetter heute ist."* |

Diese Basisthemen sind natürlich bei einem größeren zeitlichen Budget und abhängig von der Altersstufe der Kinder erweiterbar. Sie können z.B. ergänzt werden durch Themen wie

- Geschäfte
- Sport
- Berufe
- Kosmos, u.s.w.

Und natürlich sind sie auch differenzierbar. Das Thema **Körper** kann sich z.B. untergliedern in die Bereiche

- **Körper**
  - Basiskörperteile (Kopf, Arme, Beine, Bauch, Hände, Füße, ...)
  - Gesicht (Haare, Ohren, Augen, Augenbrauen, Stirn, ...)
  - Sinneswahrnehmung (sehen, hören, riechen, ...)
  - Bestandteile (Haut, Knochen, Blut, Organe, ...)
  - Arztbesuch
  - ...

Selbstverständlich wird nicht ein Thema pro Fördereinheit „abgearbeitet", sondern auf mehrere Einheiten verteilt und partiell immer wieder aufgegriffen. So kann z.B. das Thema **Farben** zusammen mit dem Thema **Arbeitsmaterialien** eingeführt und dann bei den Themen **Kleidung, Tiere** und **Essen** wiederholt, vertieft und ausgebaut werden.

Innerhalb dieser Themen werden außer dem Wortschatz auch Grammatik und sprachliche Handlungsmuster vermittelt. Dies geschieht natürlich nicht in Form von „Einpauken", sondern durch eine spielerische Sensibilisierung und Bewusstmachung für diese sprachlichen Bereiche. Dies setzt ein hohes Maß an sprachlicher Bewusstheit aufseiten der Kursleitung voraus.

Beispiel: Das Thema **Ostern** lässt sich gut kombinieren mit dem Thema **Wohnen/Möbel** und eignet sich hervorragend zur Bearbeitung des grammatischen Bereichs der Präpositionen (*auf, unter, vor, hinter, neben, in*) mit dem Dativ (*dem, dem, der*). Wie? Ostereier für die Kinder werden von der Kursleitung im Raum versteckt und von den Kindern gesucht. Hinterher erzählt jedes Kind, wo es sein Ei gefunden hat: *unter dem Schrank, in der Kiste, auf der Fensterbank, neben dem Sofa, ...*

Was Kinder an Grammatik und sprachlichen Handlungsmustern durch die Sprachförderung lernen sollten, wird in Kapitel 7 „Was soll ein Kind durch die Sprachförderung lernen" ausführlicher behandelt.

Bei der Thematisierung von Festen bietet es sich natürlich an, im Rahmen einer bewussten interkulturellen Erziehung auch die Feste anderer Kulturkreise einzubeziehen. Grundsätzlich gilt aber auch hier: Die sprachliche Bildung steht im Vordergrund! So wenig wie es bei der Bearbeitung der Arbeitsblätter um manuelle Fertigkeiten geht, sollte es bei der Thematisierung von Festen um Religionserziehung im engeren Sinne gehen.

# Aufbau einer KIKUS-Stunde

5

## Die Basisstruktur

Jede „KIKUS-Stunde“ (Fördereinheit von 30-90 Min.) sollte für die Kinder wie ein Geschenk sein, eine Zeit der Überraschungen, etwas, was ihnen Spaß macht. Sie als Kursleiter/in müssen zum „Sprach-Zauberer“ werden. Das Einzige, was Kinder wirklich lernen lässt, ist Motivation. Lachen Sie viel und loben Sie noch mehr!

Trotzdem brauchen die Kinder eine Struktur, an der sie sich orientieren können, und Rituale. Je weniger Deutsch ein Kind spricht, desto klarere Strukturen braucht es – in Bezug auf den Rahmen der Sprachförderung und in Bezug auf die Sprache selbst.

Eine KIKUS-Fördereinheit besteht immer aus mehreren Teileinheiten. Sie kann so aufgebaut sein:

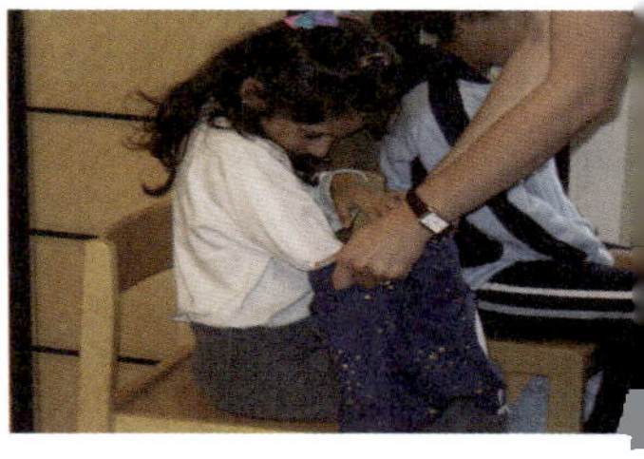

1. Freies Sprechen
2. Anfangsritual
   - a Anwesenheit feststellen
   - b Zählen
   - c Lied singen
3. Hausaufgaben anschauen
   - a Stempelraten (Belohnung)
   - b Einzel- oder Gruppenbetrachtung mit Applaus (!)
4. Einführung bzw. Fortsetzung eines Themas (z.B. Tiere)
   - a Zaubersack
   - b Gelenkte Sprachübung (z.B. Bildkarten, Bilderbuch)
5. Bewegungsübung (Spiel, Lied oder Malen/Basteln)
6. Hausaufgabe ausgeben
7. Abschlussritual
   - a Einpacken
   - b Lied singen

Ob man seine KIKUS-Stunden genau so strukturiert oder den einen oder anderen Punkt variiert, bleibt der Kursleitung überlassen. Mit den Dreijährigen wird jeder sicherlich anders arbeiten als mit den Zehnjährigen. Die dargestellte Struktur hat sich in der Praxis sehr gut bewährt. Insofern ist es empfehlenswert, sie in ihren Grundzügen beizubehalten.

## Die gelenkte Sprachübung

Der Kern der Sprachförderung nach der KIKUS-Methode ist die sogenannte „gelenkte Sprachübung". Sie kann sich in allen Phasen der KIKUS-Stunde „verstecken", muss aber in jedem Fall in der zentralen Phase „Einführung bzw. Fortsetzung eines Themas" ihren Platz finden.

Wichtig dabei ist, dass die Kursleitung klar weiß, zu welcher sprachlichen Äußerung sie die Kinder bringen möchte, ohne dass die Übung zu einem Pattern-Drill wird (z.B. *Was ist das? Das ist eine Tasse. / Was ist das? Das ist ein Teller? / Was ist das? Das ist eine Gabel. / ...*). Ein stures Strukturen-Einüben mündet für beide Seiten schnell in Langeweile und Demotivation. Damit verliert Sprache ihre Funktion.

Wenn man dagegen ein Spiel spielt, in dem die Äußerung zu einer weiteren Handlung und zu einer Veränderung der Wirklichkeit führt, bekommt die Äußerung selbst automatisch einen Handlungscharakter und bleibt deshalb spannend. Dies lässt sich anhand eines Beispiels verdeutlichen:

Ich möchte das Thema Körper behandeln und führe die Körperteile z.B. mithilfe des Liedes „Das bin ich" (*KIKUS CD Guten Morgen + KIKUS Liederheft*) ein. Im Anschluss mache ich ein Bewegungsspiel zur Festigung des passiven Wortschatzes: *„Wir stehen ganz still. Und jetzt bewegen wir alle nur einen Fuß, nur einen Fuß. Sehr gut! Und jetzt bewegen wir alle nur eine Hand, nur eine Hand. Prima! Und jetzt bewegen wir alle nur die Nase, nur die Nase. Bravo! ..."*

Im Anschluss an die Wortschatzeinführung und die Absicherung des passiven Wortschatzes spiele ich mit den Kindern das (ursprüngliche) Party-Spiel „Blind Malen". Dabei werden einer Person die Augen verbunden. Sie bekommt ein großes Blatt vorgelegt (eine Tafel geht natürlich auch) und einen Stift in die Hand. Wenn es möglich ist, sollte der erste Maler eine erwachsene Person sein, denn Kindern ist es manchmal unangenehm sich die Augen verbinden zu lassen, wenn sie nicht wissen, was passieren wird. Wenn ich als Kursleitung mit den Kindern in der Gruppe alleine bin, mache ich mich selbst zum ersten Maler und sage den Kindern, sie sollen mir sagen, was ich malen soll:

*S1: Edgardis, mal bitte einen Kopf.*

Edgardis malt einen Kopf. Nun kommt das nächste Kind an die Reihe, und danach das nächste, ...

*S2: Edgardis, mal bitte ein Auge.*
*S3: Edgardis, mal bitte eine Nase.*
*S4: Edgardis, mal bitte ein Ohr.*

Spätestens an dieser Stelle amüsiert sich die gesamte Gruppe über das entstehende Bild und vergisst vollkommen, dass hier Sprachförderung stattfindet. Alle Teilnehmer/innen haben einfach nur Spaß ...

*S5: Edgardis, mal bitte ein Bein.*
*S6: Edgardis, mal bitte einen Mund.*
*S7: Edgardis, mal bitte Haare.*

...

Das Ergebnis dieses Spiels ist grundsätzlich

- ein lustiges Bild,
- die Verbalisierung mindestens einer vollständigen Äußerung durch jedes Kind,
- die Festigung des aktiven Wortschatzes zum Thema Körper,
- die Verwendung des Verbs *malen* im Imperativ (sog. Befehlsform) sowie die Verwendung des unbestimmten Artikels (*ein/eine/ein*) im Akkusativ (*einen/eine/ein*)
- und die Realisierung des sprachlichen Handlungsmusters Aufforderung.

Wichtig bei der gelenkten Sprachübung ist, dass ich bei meiner vorgegebenen Äußerung *Edgardis, mal bitte ein/e/n KÖRPERTEIL* bleibe. Wenn ich variiere, z.B.

*S5:* *Mal bitte ein Bein, Edgardis.*

*S6:* *Edgardis, zeichne jetzt bitte den Mund.*

*S7:* *Edgardis, jetzt sollst du die Haare malen, bitte.*

verlieren die Kinder ihre sprachliche Orientierung. An dieser Stelle ist weniger definitiv mehr.

## Planen und Protokollieren von KIKUS-Stunden

Planung und Protokollierung von KIKUS-Stunden sind von grundlegender Bedeutung, vor allem für die Kursleitung selbst. Wer eine Fördereinheit detailliert plant, weiß genau, was er tun möchte. Nur so kann man wirklich von einer gezielten und systematischen Sprachförderung sprechen. Das bedeutet natürlich nicht, dass man als Kursleitung dabei nicht flexibel bleiben kann – und muss! So manche geplante Einheit wurde schon komplett „umgeschmissen", weil plötzlich der erste Schnee fiel, ein ungeplanter Abschied gefeiert werden wollte oder ein Kind seinen Hasen dabei hatte ... Trotzdem sollte man immer vollständig vorbereitet in die Sprachförderung gehen.

Eine Vorlage KIKUS Planung / Protokoll fndet sich im Anhang als Kopiervorlage

Das Dokument „KIKUS Planung / Protokoll" dient gleichzeitig der Vor- und Nachbereitung einer KIKUS-Stunde: Vor der Stunde dokumentiert die Kursleitung ihre Planung, ob nun mit dem Computer oder handschriftlich ist dabei vollkommen unerheblich. Nach der Stunde macht sie sich – möglichst sofort – auf demselben Blatt ihre Notizen und Kommentare zum Verlauf der Fördereinheit.

### KIKUS Planung/Protokoll umfasst folgende Informationen:

| | | | |
|---|---|---|---|
| Einrichtung/Kurs:<br>Kindergarten Beispielhaft / K1 | | Kursleitung:<br>Franziska Fröhlich | Beisitz:<br>Patrik Praktikant |
| Sitzung: 10 | Datum: 22.02.20.. | Thema: TIERE | |
| Materialien: Sprechkugel, KIKUS CD, Zaubersack, Stofftiere, KIKUS Bildkarten | | | |
| Phase | Arbeitsformen/Spiele | Sprachliche Äußerungen<br>*(KL = Kursleitung*<br>*Ki = Kind/er)* | Wortschatz (W)<br>Grammatik (G)<br>Handlungsmuster (HM) |
| Freies Sprechen | ... | ... | ... |
| Anwesenheit | ... | ... | ... |
| ... | | | |

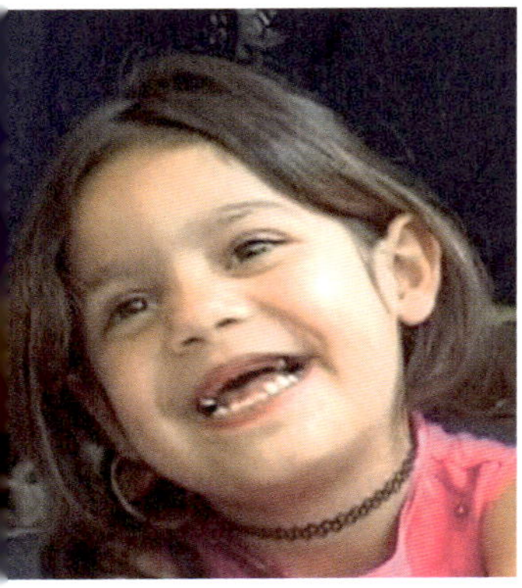

Die Dokumentation der einzelnen KIKUS-Stunden hat verschiedene Funktionen. Dazu gehören mindestens

- die **Dokumentation des eigenen Vorgehens**
- die **intensive Auseinandersetzung mit den sprachlichen Einheiten:** den konkreten Äußerungen, dem Wortschatz, der Grammatik und den sprachlichen Handlungsmustern
- das **Anlegen einer Ideensammlung** für sich selbst und andere, für den nächsten Zyklus und für weitere Kurse
- die Möglichkeit der Information **einer anderen Person**, die eine Stundenvertretung oder einen ganzen Kurs übernimmt
- die **Nachvollziehbarkeit im Rahmen einer Gesamtdokumentation**

## Beispiele für die Planung von Fördereinheiten

Die folgenden drei Beispiele sollen Ideen geben, wie man Fördereinheiten nach der KIKUS-Methode planen und protokollieren kann. Die Beispiele sind sehr ausführlich beschrieben, damit man eine möglichst konkrete Vorstellung von dem Ablauf der einzelnen Fördereinheiten bekommt.

### Ein Beispiel für die erste Fördereinheit

WÖRTER, die in Großbuchstaben geschrieben sind, sind Platzhalter. Z. B. werden bei „NAME" natürlich die einzelnen Namen der Kinder genannt

| Einrichtung/Kurs: | | Kursleitung: | Beisitz: |
|---|---|---|---|
| Sitzung: 1 | Datum: | Thema: ICH / ARBEITSUTENSILIEN / FARBEN | |
| Materialien: Arbeitsblatt „Das bin ich", Teilnehmerliste, Zaubersack, Mimi-Puppe, Momo-Puppe, Ordner, Aufkleber für Namen, Buntstifte, Stofftaschen | | | |

| Phase | Arbeitsformen/Spiele | Sprachliche Äußerungen *(KL = Kursleitung Ki = Kind/er)* | Wortschatz *(W)* Grammatik *(G)* Handlungsmuster *(HM)* |
|---|---|---|---|
| Vorstellungsrunde | **Stuhlkreis:** (Teilnehmerliste mit Daten muss vorliegen, um Hilfestellungen geben zu können) | *KL: Guten Morgen!*<br>*Ki: Guten Morgen!*<br>*KL: Ich heiße Edgardis. Könnt ihr das sagen? Ed-gar-dis (Chorsprechen: normal, laut, leise) Und ich bin 43 Jahre alt. Und wie heißt du?*<br>*Ki: NAME.*<br>*KL: Und wie alt bist du?*<br>*Ki: ALTER.* | W: Namen, Zahlen (Alter)<br>G: W-Frage *wie*<br>HM: Begrüßen; Frage-Antwort |
| Zaubersack | **Zaubersack einführen (Mimi, Momo)** | *KL: Ich hab' euch etwas mitgebracht. Wollt ihr das sehen? (Zaubersack zeigen) Das ist mein Zaubersack.* | W: *Tasche, Beutel, Zaubersack*<br>HM: Raten |

| Phase | Arbeitsformen/Spiele | Sprachliche Äußerungen<br>*(KL = Kursleitung<br>Ki = Kind/er)* | Wortschatz *(W)*<br>Grammatik *(G)*<br>Handlungsmuster *(HM)* |
|---|---|---|---|
| | **Inhalt erfühlen lassen:** KL (oder ein Kind) geht von Kind zu Kind und lässt den Inhalt erraten | *KL / Ki: Was ist da drin'?<br>Ki: Ich glaube, das ist ein/e OBJEKT. / Ich weiß es nicht.* | **W: (unbestimmt)<br>G: unbest. Artikel** *ein/e*<br>**Substantive<br>HM: Raten, Vermuten** |
| Mimi und Momo | **KL zieht die Mimi-Puppe (weibl.) Körperteil für Körperteil heraus.** | *KL: Was ist denn das?<br>Ki: Ein/e KÖRPERTEIL.<br>KL: Und das?* | W: *Fuß/Füße, Bein/e, Bauch, Hand/Hände, Kopf, Popo, Rücken*<br>G: unbest. Artikel, Substantive<br>HM: Benennen |
| | **Mimi begrüßt die Kinder der Reihe nach mit Handschlag** (am Schluss setzt KL die Puppe einem Kind auf den Schoß).<br><br>KL zieht die Momo-Puppe (männl.) Körperteil für Körperteil heraus. Rest wie bei Mimi | *KL: Hallo, ich bin Mimi. Und wer bist du?<br>Ki: Ich bin NAME.*<br><br>*s.o.* | W: Namen<br>G: vollständige Äußerung<br>HM: Begrüßen<br><br>W: *Junge, Mädchen*<br>s.o |
| Ordner | **Ordner einführen:** den ersten Ordner aus der Tasche ziehen und öffnen; gemeinsam überlegen, was man damit macht; Farbe benennen | *KL: Ich habe euch noch eine Überraschung mitgebracht. Möchtet ihr die sehen?<br>Ki: Ja.<br>KL: Was ist denn das? Ein Buch?<br>Ki: Nein.<br>KL: Warum ist das kein Buch? (Erklärung). Das ist ein Ordner. Könnt ihr das sagen?<br>Ki: Ord-ner. (Chorsprechen)<br>KL: Was kann man damit machen?<br>Ki: (Man kann) Papier/ Blätter (hineintun).<br>KL: Welche Farbe hat der Ordner?<br>Ki: FARBE.* | W: *Buch, Ordner, Papier, Blatt, Bilder*<br>G: Substantive, Farbadjektive<br>HM: Lehrerfrage-Schülerantwort; Erklären |

| Phase | Arbeitsformen/Spiele | Sprachliche Äußerungen *(KL = Kursleitung Ki = Kind/er)* | Wortschatz *(W)* Grammatik *(G)* Handlungsmuster *(HM)* |
|---|---|---|---|
| | **Ordner auslegen:** Die Ordner nacheinander aus der Tasche ziehen, die Farben benennen und auf dem Boden auslegen. | *KL: Und welche Farbe hat dieser Ordner?*<br>*Ki: FARBE.* | **W:** *rot, grün, gelb, blau, lila, rosa, schwarz, weiß*<br>**G: W-Frage** *welche*<br>**HM: Lehrerfrage-Schülerantwort** |
| | **Ordnerverteilung** durch KL | *KL: Wer möchte so einen Ordner mit nach Hause nehmen?*<br>*Ki: Ich!*<br>*KL: Jeder darf sich einen Ordner aussuchen – aber mit dem Mund. Das geht so: Ich möchte bitte den roten Ordner. Wer kann das sagen?*<br>*Ki: Ich möchte bitte den roten Ordner. (Chorsprechen)*<br>*KL: Super! NAME, welchen Ordner möchtest du?*<br>*Ki: Ich möchte bitte den FARBE Ordner.*<br>*KL: Das hast du sehr schön gesagt. Bitteschön.*<br>*Ki: Danke.* | W: *rot, grün, gelb, blau, lila, rosa, schwarz, weiß*<br>G: komplexe Äußerung, Modalverb *mögen*, bestimmter Artikel im Akkusativ *den*; Farbadjektive<br>HM: Bitte |
| Aufkleber | **Aufkleber beschriften** durch KL und/oder Kinder; Namen klatschen | *KL: Damit wir wissen, wem die Ordner gehören, schreiben wir jetzt eure Namen auf diese Aufkleber. Könnt ihr das sagen?*<br>*Ki: Auf-kle-ber. (Chorsprechen, mehrmals)*<br>*KL: Und die Aufkleber klebt ihr dann auf eure Ordner. Was soll ich auf deinen Aufkleber schreiben?*<br>*Ki: NAME.* | W: *Aufkleber*, Namen<br>HM: Erklären, Frage-Antwort |
| | **Aufkleberverteilung** durch KL; Kinder kleben die Aufkleber eigenständig auf ihre Ordner (darauf achten, dass die Ordner richtig herum vor ihnen liegen; Ordnerbedienung üben!) | *KL: Wer möchte einen Aufkleber?*<br>*Ki: Ich möchte bitte einen Aufkleber.*<br>*KL: Das hast du sehr schön gesagt. Bitteschön.*<br>*Ki: Danke.* | G: komplexe Äußerung, Modalverb *mögen*, unbestimmter Artikel im Akkusativ *einen*<br>HM: Bitte |

| Phase | Arbeitsformen/Spiele | Sprachliche Äußerungen *(KL = Kursleitung Ki = Kind/er)* | Wortschatz *(W)* Grammatik *(G)* Handlungsmuster *(HM)* |
|---|---|---|---|
| Hausaufgabe | **Hausaufgabe einführen:** AB „Das bin ich" erklären und verteilen (KL); Blatt in die Ordner einlegen | *KL: Und was tun wir jetzt in den Ordner hinein?*<br>*Ki: Ein Papier/Blatt.*<br>*KL: Genau. Ich habe euch ein Blatt mitgebracht. Da steht „Male ein Bild von dir!". Wen malst du?*<br>*Ki: Mich/NAME.*<br>*KL: Sehr gut. Das Bild malt ihr zu Hause und ihr bringt es das nächste Mal wieder mit. Einverstanden? Wer möchte so ein Blatt haben?*<br>*Ki: Ich möchte bitte ein Blatt (haben).*<br>*KL: Sehr gut! Bitteschön.*<br>*Ki: Danke.* | W: *Papier, Blatt, Hausaufgabe, zu Hause*<br>G: komplexe Äußerung, Modalverb *mögen*, unbestimmter Artikel im Akkusativ *ein*<br>HM: Erklären; Arbeitsanweisungen verstehen; Bitte |
| Stifte | **Einführung der Buntstifte:** die Packungen zeigen. Eine Stiftpackung öffnen und die Stifte herausnehmen; einzeln hochhalten. | *KL: Wenn ihr etwas malen möchtet, was braucht ihr dafür noch?*<br>*Ki: Stifte!*<br>*KL: Richtig. Schaut mal, ich habe euch auch noch Buntstifte mitgebracht. Wollen wir mal nachschauen, welche Farben dabei sind? Welche Farbe ist das?*<br>*Ki: FARBE.*<br>*KL: Gut! Und das?* | W: *Stift/e; rot, gelb, grün, hellblau, dunkelblau, braun, orange, rosa, lila, schwarz*<br>HM: Lehrerfrage-Schülerantwort |
| | Buntstiftpackungen verteilen | *KL: Wer möchte eine Packung Stifte haben?*<br>*Ki: Ich möchte bitte (eine Packung) Stifte (haben).*<br>*KL: Das hast du toll gesagt. Bitte.*<br>*Ki: Danke.* | W: *Packung*<br>G: komplexe Äußerung, Modalverb *mögen*, unbestimmter Artikel im Akkusativ *eine*<br>HM: Bitte |
| Aufkleber | **Aufkleberbeschriftung und -verteilung** für die Stifte: s.o. | s.o. | s.o. |

| Phase | Arbeitsformen/Spiele | Sprachliche Äußerungen *(KL = Kursleitung Ki = Kind/er)* | Wortschatz *(W)*<br>Grammatik *(G)*<br>Handlungsmuster *(HM)* |
|---|---|---|---|
| Taschen | **Taschenbeschriftung und -verteilung**<br>(Namen klein auf die Stofftaschen schreiben; werden beim nächsten Mal gemeinsam angemalt) | *KL: Was braucht ihr denn, damit ihr die Ordner und die Stifte mit nach Hause nehmen könnt?*<br>*Ki: Eine/n Tasche/ Tüte/ Rucksack.*<br>*KL: Genau. Schaut mal, ich habe euch auch noch Taschen mitgebracht. Wer möchte eine Tasche haben?*<br>*Ki: Ich möchte bitte eine Tasche (haben).*<br>*KL: Toll! Bitte.*<br>*Ki: Danke.*<br>*KL: Jetzt steckt bitte die Ordner und Stifte in die Tasche.* | **W:** *Tasche, Tüte, Rucksack*<br>**G: komplexe Äußerung, Modalverb** *mögen*, **unbestimmter Artikel im Akkusativ** *eine/n*<br>**HM: Bitte; Arbeitsanweisungen ausführen** |
| Abschlusslied | **Einführung des Liedes „Tschuff-Eisenbahn"**<br>durch Vormachen durch KL<br>(Damit jedes Kind mal die Lokomotive sein kann, sollten sich die Kinder vorne anstellen, nicht hinten) | *KL: So, jetzt sind wir fertig. Kommt ihr das nächste Mal wieder in den KIKUS-Kurs?*<br>*Ki: Ja.*<br>*KL: Jetzt fahren wir zurück in die Gruppen – mit der Eisenbahn!*<br>*„Tuuut-Tuuut. Tschuff-Tschuff-Tschuff die Eisenbahn, wer will mit in die Gruppen fahr'n. Alleine fahren mag ich / woll'n wir nicht, da nehm' ich mir / nehmen wir die/ den NAME mit."* | W: *Eisenbahn, Gruppe/n*<br>G: komplexe Äußerungen; Präposition *in* |

Ich möchte bitte einen FARBE Ordner

Eine so ausführliche Planung ist normalerweise nicht immer möglich – und auch nicht nötig. Die Ausführlichkeit in der Darstellung hängt immer davon ab, für welche Zwecke die Planung bzw. das Protokoll erstellt wird.

Das Allerwichtigste bei der Planung ist die Überlegung, welche Äußerungen man den Kindern „entlocken" möchte (siehe oben „Die gelenkte Sprachübung"). Diese sollte man sich immer notieren! Manche Kursleitungen schreiben sich diese Äußerungen anfangs sogar groß auf ein Blatt, damit sie sie deutlich vor Augen haben.

## Ein Beispiel für die zweite Fördereinheit

| | | | |
|---|---|---|---|
| Einrichtung/Kurs: | | Kursleitung: | Beisitz: |
| Sitzung: 2 | Datum: | Thema: ICH / KÖRPER / FARBEN | |
| Materialien: Arbeitsblatt „Farben", Mimi und Momo, Anwesenheitsliste, KIKUS CD Guten Morgen, Zaubersack, Fotoapparat, Stoffmalstifte, KIKUS Bildkarten „Zahlen" | | | |

| Phase | Arbeitsformen/Spiele | Sprachliche Äußerungen *(KL = Kursleitung Ki = Kind/er)* | Wortschatz *(W)* Grammatik *(G)* Handlungsmuster *(HM)* |
|---|---|---|---|
| Begrüßung; Freies Sprechen | **Stuhlkreis:** Mimi und Momo können anfangen, etwas zu erzählen; dann erzählt die KL etwas; dann kommen die Kinder an die Reihe. | *(offen)* | HM: Erzählen |
| Anwesenheit | **Anwesenheitsliste** | *KL: Ist die/der NAME da?*<br>*Ki: Hier bin ich!* | W: Namen<br>G: Verb-Umstellung beim Fragesatz; natürliches Geschlecht (Artikel *der/die*); Deixis *hier* und *ich*<br>HM: Frage-Antwort; Anwesenheit kontrollieren |
| Zahlen | **Durchzählen** mit Aufstehen und Hinsetzen (nur vorwärts oder vorwärts/ rückwärts; bei Null startet die „Rakete") | *KL: Wie viele (Menschen) sind wir heute?*<br>*Ki: ZAHL.* | W: Zahlen 1-10<br>G: W-Frage *wie viele*<br>HM: Zählen |
| Lied<br>ICH-DU | Lied **„Guten Morgen"** einmal auf der CD anhören, einmal ohne CD singen | *Liedtext* | W: *ich, du, erst, dann, lachen, nicken, winken*<br>G: Deixis / Personalpronomen *ich, du*; Temporaladverbien *erst, dann*; Verben<br>HM: Begrüßen |
| Hausaufgabe anschauen<br>ICH | HA anschauen: **AB „Das bin ich"** | *KL: Wer ist das?*<br>*Ki: Das bin ich.*<br>*KL: (Lob)*<br>*(Was hast du da an?*<br>*Ki: Ein/e/n KLEIDUNGSSTÜCK.* | W: Kleidung (zur Überprüfung des Vorwissens)<br>G: W-Fragen *wer, was*; Deixis / Personalpronomen *ich*; Satzstellung; unbest. Artikel im Akkusativ *ein/e/n*<br>HM: Frage-Antwort |

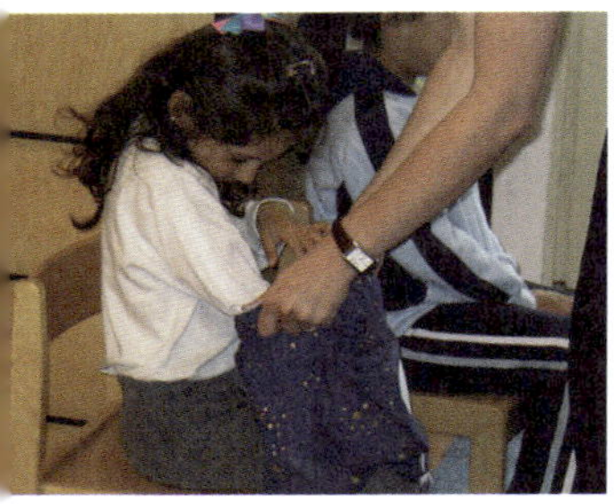

| Phase | Arbeitsformen/Spiele | Sprachliche Äußerungen *(KL = Kursleitung Ki = Kind/er)* | Wortschatz *(W)* Grammatik *(G)* Handlungsmuster *(HM)* |
|---|---|---|---|
| Stempelraten | **Belohnungsstempel:** Motiv erraten lassen (alle Kinder kommen einmal dran); Hilfestellungen geben (Beschreiben); nach dem Erraten jedem Kind den Stempel zeigen | *KL: Schaut mal, ich habe euch etwas mitgebracht. Wisst ihr, was das ist?*<br>*Ki: Ein Stempel.*<br>*KL: Richtig. Ratet mal, was für ein Bild der Stempel hat.*<br>*Ki: Ist es ein/e OBJEKT?*<br>*KL: Vielleicht.*<br>...<br>*KL: Ich helfe euch ein bisschen. Es ist ein Tier. Es ist ganz klein. Es hat sechs Beine. Es ist rot und schwarz.*<br>*Ki/Chor: Ist es ein Marienkäfer?*<br>*KL: Ja, richtig. Es ist ein Marienkäfer.*<br>*KL: Wer möchte einen Stempel für seine Hausaufgabe haben?*<br>*Ki: Ich möchte bitte einen (Marienkäfer-) Stempel (haben).*<br>*KL: Bitteschön.*<br>*Ki: Danke.* | W: *Stempel, Tier, Beine; klein, rot, schwarz*<br>G: Personalpronomen *es*; Verbkonjugation von *sein* und *haben* 3. Person *ist* und *hat*; Deixis / Personalpronomen *ich*; Modalverb *mögen*; Akkusativ *ein*<br>HM: Raten; Assertion / Beschreiben; Bitte |
| Zaubersack | **Zaubersack (ZS):** Fotoapparat, Stoffmalstifte; ZS in die Mittel legen und „zaubern"; ZS herumgeben und immer das nächste Kind fühlen lassen; zunächst nur Fotoapparat herausholen (KL); dann nacheinander Stifte ziehen lassen | *KL/Chor: Abra-kadabra-simsalabim (kleiner Zauberspruch)*<br>*KL/Ki: Was fühlst du (im Zaubersack)?*<br>*Ki: Ein/e/n OBJEKT. / OBJEKTE.*<br>*KL: Was hast du gezogen?*<br>*Ki: Einen Stift.* | W: *Fotoapparat, Foto; Stift; fühlen*<br>G: W-Frage *was*; Deixis / Personalpr. *du*; Verb 2. Pers. Sg. Präs. *fühlst*; unbest. Artikel im Akkusativ *einen* |
| Malaktion KÖRPER | **Taschen anmalen,** mit den gezogenen Stoffmalstiften, am Tisch oder auf dem Boden; Aufforderungsäußerung kann an die Ki abgegeben werden | *KL/Ki: Malt bitte ein/e/n /zwei KÖRPERTEIL.* | W: *Kopf, Haare, Augen, Nase, Mund, Hals, Bauch, Arme, Hände, Beine, Füße*<br>G: Imperativform *malt*; Satzstellung; unbest. Artikel im Akkusativ *ein/e/en* |

| Phase | Arbeitsformen/Spiele | Sprachliche Äußerungen<br>*(KL = Kursleitung<br>Ki = Kind/er)* | Wortschatz *(W)*<br>Grammatik *(G)*<br>Handlungsmuster *(HM)* |
|---|---|---|---|
| Fotos<br>ICH-DU-WIR | **Fotos machen,** mit Taschen und/oder Mimi und Momo: 1. Einzelfotos. Das Kind, das fertig ist, sucht das nächste Kind aus.<br>2. Gruppenfoto | *Ki: Jetzt bist du dran / an der Reihe.* | W: *Fotoapparat, Foto/s*<br>G: Temporaladverb *jetzt*; Satzstellung, Verb 2. Person *bist*; Deixis / Personalpronomen *du*<br>HM: Auswählen; Assertion / einfache Aussage |
| Bewegungsspiel<br>FARBEN | Bewegungsspiel Farben im Stuhlkreis: Ordner hochhalten (oder z.B. laminierte einfarbige Blätter); wenn eine Farbe genannt wird, muss das Kind mit dem entsprechenden Ordner diese hochhalten; am Ende legen alle Ki ihre Ordner auf einen Platz auf dem Boden/ Tisch. | *KL: Welche Farbe hat dein Ordner?*<br>*Ki: FARBE.*<br>*KL: Blau! Rot! Grün! ...* | W: *Ordner; rot, gelb, grün, blau, schwarz, weiß, rosa, lila*<br>G: W-Frage *welche*; Deixis / Possessivpronomen *dein*<br>HM: Lehrerfrage-Schülerantwort |
| Hausaufgabe ausgeben<br>FARBEN | **HA ausgeben: AB „Farben";** AB erklären und besprechen; jedes Kind bittet um ein Blatt und legt es dann in seinen Ordner ein. | *KL: Welche Farben seht ihr hier? Wie heißt diese Farbe?*<br>*Ki/Chor: FARBE.*<br>*KL: Und was seht ihr hier? Was ist das?*<br>*Ki/Chor: Ein/e OBJEKT.*<br>*KL: Wer möchte so ein Blatt haben?*<br>*Ki: Ich möchte bitte ein Blatt (haben).*<br>*KL: Sehr gut! Bitteschön.*<br>*Ki: Danke.* | W: *schwarz, weiß, rot, orange, gelb, braun, rosa, blau, grün, lila, bunt; Pferd, Ei, Marienkäfer, Fisch, Zitrone, Bär, Schwein, Auto, Frosch, Trauben, Schmetterling*<br>G: W-Fragen *welche, wie, was, wer*<br>HM: Benennen; Lehrerfrage-Schülerantwort; Bitte |
| Abschlusslied | Lied **„Tschuff-Eisenbahn"**<br>Variante: KIKUS-Bildkarten Zahlen als Fahrkarten ziehen lassen. Dadurch ergibt sich automatisch die Reihenfolge. Wenn die Eisenbahn steht, die Fahrkarten wieder einsammeln. | *Ki: Ich bin die/der Erste.*<br>*Ki: Ich bin die/der Zweite ...*<br>*KL: Wohin möchtest du fahren?*<br>*Ki: In die Gruppe. / Nach Italien. / Ins Kino.*<br>*Liedtext* | G: Ordnungszahlen; W-Frage *wohin*; Präpositionen *in/nach* |

## Ein Beispiel für eine spätere Fördereinheit

Diese Planung gehört zu dem Stundenschnitt, der sich in den Zusatzinformationen auf der *KIKUS Informations-DVD* findet. Die Fördereinheit dauerte – ausnahmsweise – 90 Minuten. Deshalb hat sie sehr viele Bestandteile. Im Normalfall könnten ein bis zwei Teileinheiten herausgenommen werden.

| | | | |
|---|---|---|---|
| **Einrichtung/Kurs:** | | **Kursleitung:** Edgardis Garlin | **Beisitz:** drei Gäste |
| **Sitzung:** | **Datum:** | **Thema:** VERBEN / ESSEN | |
| **Materialien:** KIKUS Bildkärtchen schwarz-weiß „Essen", Anwesenheitsliste, CD-Spieler, KIKUS CD Guten Morgen, Zaubersack, Mimi und Momo, kleine Raupe und große Raupe, Schmetterling, Zaubertuch, KIKUS Bildkarten „Essen", große Artikelpunkte-Laminate, Tablett, Teller, Messer | | | |

| Phase | Arbeitsformen/Spiele | Sprachliche Äußerungen *(KL = Kursleitung Ki = Kind/er)* | Wortschatz *(W)* Grammatik *(G)* Handlungsmuster *(HM)* |
|---|---|---|---|
| Sich-Vorstellen | **Sich vorstellen** gegenüber den Gästen | *KL/Ki: Ich heiße / bin NAME und ich bin ALTER Jahre alt.* | G: Phrasenübung<br>HM: Sich-Vorstellen |
| Anwesenheit | **Anwesenheitsspiel „Ich bin da ..."** | *KL/Ki: Ich bin da. Und du bist da. Ist denn auch der/die NAME da?*<br>*Ki: Hier bin ich!* | W: Namen<br>G: Deixis / Personalpronomen *ich, du*; natürliches Genus *der/die*; Konjugation Verb *sein* im Präsens *bin/bist/ist*<br>HM: Anwesenheit feststellen; Assertion, Frage-Antwort |
| Zählen | **Durchzählen** mit Aufstehen und Hinsetzen; Zählen auf Türkisch / Kroatisch / ... (Finger) | *KL: Wie viele (Menschen) sind wir heute?*<br>*Ki: ZAHL.* | W: Zahlen 1-10<br>G: W-Frage *wie viele*<br>HM: Zählen |
| Lied | Lied „Ich strecke mich" auf der CD anhören und mitsingen | *Ki/Chor: Ich strecke mich und gähne (2x), dann putz' ich mir die Zähne, dann wasch' ich mich (2x) ganz gründlich (2x). Ich zieh' mich an in aller Ruh', schnür' mir dann die Schuhe zu, kämme mich und mach' mich fein. Will kein Struwelpeter sein. Das Frühstück lass' ich auch nicht steh'n. Will ja gestärkt in den Deutschkurs geh'n. (Liedtext)* | W: *sich strecken, gähnen, sich die Zähne putzen, sich waschen, sich anziehen, sich die Schuhe zuschnüren, sich kämmen, gehen*<br>G: Deixis / Personalpronomen *ich*; (reflexive) Verben im Präsens 1. Pers. Sg. (z.T. umgangssprachlich); Temporaladverb *dann*<br>HM: Erzählen; Aufzählung |

| Phase | Arbeitsformen/Spiele | Sprachliche Äußerungen *(KL = Kursleitung Ki = Kind/er)* | Wortschatz *(W)* Grammatik *(G)* Handlungsmuster *(HM)* |
|---|---|---|---|
| **Zaubersack** | Zaubersack: **Mimi, Momo, Raupe, Lebensmittel** (real)<br>1. fühlen und raten lassen (Zaubersack reihum weitergeben) | *KL/Ki: Was ist da drin?*<br>*Ki: Ein/e OBJEKT.* | G: Fragewort *was*; unbestimmter Artikel im Nominativ *ein/e*<br>HM: Raten (Frage-Antwort) |
| | 2. Zaubersack in die Mitte legen und großen Zauberspruch sprechen | *Ki/Chor: Oben, unten, hinten, vorne, meine Rose, die hat Dornen. Links und rechts und mittendrin, wisst Ihr, dass ich ein Zauberer bin! (großer Zauberspruch)* | G: Lokaladverbien *oben/unten/hinten …* |
| **Mimi und Momo** | 3. Mimi und Momo herausholen und begrüßen | *KL: Guten Morgen, Kinder!*<br>*Ki/Chor: Guten Morgen, Mimi/Momo!* | HM: Sich-Begrüßen |
| **Raupe Nimmersatt** | 4. Mimi und Momo erinnern an die Vorlesegeschichte der letzten Woche und rufen die kleine Raupe. | *KL-Ki-Chor: Kinder wisst ihr noch, welches Buch wir letztes Mal gelesen haben? Das Buch von der kleinen Raupe. Und wisst ihr was? Die Raupe ist heute hier! Wisst ihr noch, wie die Geschichte ging? Am Montag fraß sich die kleine Raupe durch einen Apfel. Aber satt war sie noch immer nicht. Am Dienstag … Und jetzt schauen wir mal, was sie am Samstag gefressen hat.* | W: *Raupe; Montag, Dienstag, Mittwoch, Donnerstag, Freitag, Samstag; Zahlen 1-5; Apfel, Birnen, Pflaumen, Erdbeeren, Orangen; satt*<br>G: Verb *fressen* im Imperfekt *fraß*; Präpositionen *am, durch*; Pluralbildung; Negation *nicht*<br>HM: (Nach-) Erzählen; Aufzählung |
| **Obst / Gemüse** | 5. Kinder ziehen Lebensmittel aus dem Zaubersack und benennen sie. | *KL: Was ist das?*<br>*Ki: Ein/e LEBENSMITTEL.* | W: *Apfel, Banane, Birne, Pflaume, Nektarine, Zitrone, Orange, Tomate, Karotte* |
| **Raupe Nimmersatt** | 6. Geschichte weitererzählen, indem die Raupe von Kind zu Kind weitergereicht wird. Die Raupe frisst sich durch das Obst/Gemüse, das die Kinder aus dem ZS gezogen haben. (KL wirkt stark unterstützend.) | *KL: Am Samstag fraß sie sich durch eine Zitrone. Aber satt war sie noch immer nicht.*<br>*Ki: Sie fraß sich durch eine/n LEBENSMITTEL.*<br>*Chor: Aber satt war sie noch immer nicht.* | W: *Samstag*; s.o.<br>G: s.o. |

| Phase | Arbeitsformen/Spiele | Sprachliche Äußerungen *(KL = Kursleitung Ki = Kind/er)* | Wortschatz *(W)* Grammatik *(G)* Handlungsmuster *(HM)* |
|---|---|---|---|
| | 7. Die kleine Raupe gegen die große Raupe austauschen und in den Kokon (Zaubertuch) legen; heimlich bei Gelegenheit gegen Schmetterling austauschen | | |
| Obst / Gemüse Artikelpunkte zuordnen | 8. Artikelpunkte (A4-Laminate; nur blau und rot) präsentieren (Tablett); mehrere Male „der" und „die" verbal zuordnen lassen | *KL: Schaut mal, ich habe auch nochmal unsere Der-Die-Das-Punkte mitgebracht. Der blaue ist ein Der-Punkt und der rote ist ein Die-Punkt.* | G: bestimmte Artikel *der, die* |
| | 9. Die aus dem Zaubersack gezogenen Lebensmittel den Artikelpunkten zuordnen; Verzehr ankündigen | *KL: Wie heißt das, was ich habe?*<br>*Ki: Zitrone.*<br>*KL: Heißt es der Zitrone oder die Zitrone?*<br>*Ki: Die Zitrone.*<br>*KL: Genau. Die Zitrone kommt auf den roten Punkt. Und was hast du?*<br>*Ki: Einen Apfel.*<br>*KL: Ja. Heißt es der Apfel oder die Apfel?*<br>*Ki: Der Apfel.*<br>*KL: Der Apfel kommt auf den blauen Punkt. ...* | W: *Apfel, Banane, Birne, Pflaume, Nektarine, Zitrone, Orange, Tomate, Karotte*<br>G: bestimmte Artikel *der, die*<br>HM: Raten; Aufgabe lösen |
| | 10. Lebensmittel aufschneiden (lassen) und später essen | | |
| Bildkarten Essen | **KIKUS Bildkarten „Essen" anschauen,** die zuvor von KL unter dem Zaubertuch versteckt worden waren | *KL: Was siehst du?*<br>*Ki: Ich sehe ein/e/n LEBENSMITTEL.* | W: (Wiederholung) *Ananas, Erdbeere, Kiwi, Trauben, Paprika, Mais, Kartoffel, Gurke, Knoblauch, Zwiebel, Wurst, Torte, Brot, Ei, Käse*<br>G: Deixis / Personalpronomen *ich*; Verbkonjugation von *sehen*; unbest. Artikel im Akkusativ *eine/n*<br>HM: Frage-Antwort; Benennen |

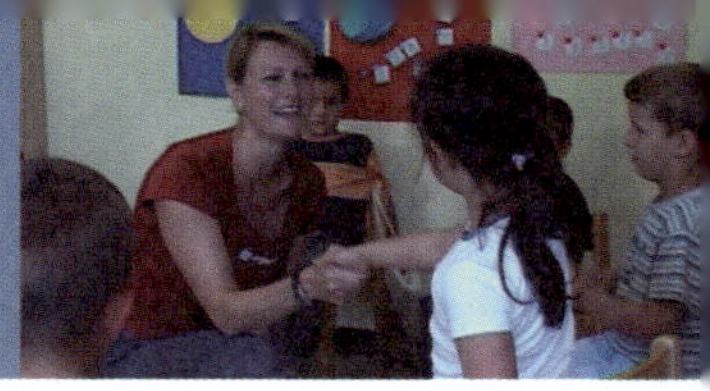

| Phase | Arbeitsformen/Spiele | Sprachliche Äußerungen *(KL = Kursleitung Ki = Kind/er)* | Wortschatz *(W)* Grammatik *(G)* Handlungsmuster *(HM)* |
|---|---|---|---|
| **Hausaufgaben** | Hausaufgabe ausgeben: **Bildkärtchen „Essen" schwarz-weiß** | *KL: Schaut mal, Mimi und Momo haben Bilder von all den Sachen gemalt, die die Raupe gefressen hat. Wollt ihr ihnen helfen, sie auszumalen?*<br>*Ki: Ja.*<br>*KL: Wer möchte ein Blatt (haben)?*<br>*Ki: Ich möchte bitte ein Blatt (haben).* | G: Deixis / Personalpronomen *ich*; Modalverb *mögen*; Akkusativ *ein*<br>HM: Bitte |
| **Abschlusslied** | Lied **„Tschuff-Eisenbahn"** (Langversion) | *KL: NAME, wohin möchtest du fahren?*<br>*Ki: In die Gruppe / Nach Italien / Zu meiner Mama. (o.a.)*<br>*Chor: Tschuff-tschuff-tschuff, die Eisenbahn, wer will mit PRÄP ORT fahr'n? Alleine fahren woll'n wir nicht, dann nehmen wir NAME mit.* | G: W-Frage *wohin*; komplexe Äußerungen; Präposition *in, nach, zu*<br>H: Frage-Antwort |

Wenn man sich in die Thematik der Sprachförderung neu einarbeitet, gibt es wahrscheinlich Bereiche in der Planung, die einem leicht von der Hand gehen, und andere, die einem schwierig vorkommen. Das Strukturieren des Ablaufs ist wahrscheinlich erstmal das geringste Problem. Pädagogische Fachkräfte haben sicherlich viele Material- und Spielideen, fühlen sich aber möglicherweise in den Bereichen Grammatik und sprachliche Handlungsmuster nicht ganz so „zu Hause". Hier ist ein Blick in das Kapitel 7 „Was soll ein Kind durch die Sprachförderung lernen" hilfreich. Fremdsprachen-Lehrkräfte haben dagegen vielleicht gar kein Problem mit der letzten Spalte (Wortschatz, Grammatik, Handlungsmuster), aber es fällt ihnen unter Umständen schwer, sich auf die Ebene der rein mündlichen und spielerischen Sprachvermittlung zu begeben. Alles ist lernbar! Wichtig ist, dass man nicht dem Perfektionismus verfällt.

Wenn man für den Punkt Grammatik keine Fachbegriffe parat hat, dann schreibt man z.B. statt „Präposition" eben einfach „auf, unter, in, ...". Es geht in diesem Bereich ganz und gar nicht um eine komplette Analyse der sprachlichen Äußerungen, sondern einfach nur darum, dass man weiß, worauf man seinen Fokus legen möchte.

Wenn man nur ein begrenztes Repertoire an Spielen, Büchern und Spielideen hat, dann kann man das, was man hat, immer ein bisschen variieren. Kinder lieben Wiederholungen, es gefällt ihnen, Strukturen wiederzuerkennen. Es ist jedoch an Ihnen, dass die Sprachförderung ihren „Zauber" nicht verliert.

Das Kind steht im Mittelpunkt, der Spaß am Lernen und Lehren, die Freunde an Sprache(n) und die Sprachförderung an sich. Damit dies gelingt, gibt es einige Grundsätze für die Sprachförderung nach der KIKUS-Methode, die im folgenden Kapitel ausgeführt werden.

# 6 Grundsätze für die Sprachförderung nach der KIKUS-Methode

Wenn wir uns darüber klar werden wollen, was wichtig bei der Durchführung einer guten Sprachförderung ist, müssen wir uns in die Situation der von uns betreuten Kinder versetzen. Dazu machen wir einen mentalen Ausflug nach China:

*Wir bewegen uns in einer Umgebung, in der nur Chinesisch gesprochen wird. Wir verstehen vielleicht schon ein paar Äußerungen, die allerwichtigsten eben, aber das meiste „erraten" wir eher aus der Situation heraus. Schriftliche Elemente sind uns keine Hilfe, weil wir die chinesischen Schriftzeichen noch nicht lesen können.*
*Wir sind beim Lernen der Sprache also vorerst ausschließlich auf den mündlichen Input unserer Mitmenschen angewiesen. Aber sie sprechen so schnell, wir erkennen keine Wortgrenzen in ihrem Sprechen, keine Struktur in ihrer Sprache. Wir sind extrem dankbar, wenn jemand freundlicherweise etwas langsamer und deutlicher spricht. Und noch dankbarer sind wir, wenn sich jemand die Zeit nimmt, uns etwas über das Chinesische zu erklären.*
*Wenn wir uns überhaupt einmal trauen, etwas zu sagen, dann nicken die Menschen immer freundlich – auch wenn sie ganz offensichtlich nicht verstanden haben, was wir gesagt haben, denn sie reagieren nicht angemessen. Niemand korrigiert uns, niemand zeigt uns, wie es richtig geht – aus Höflichkeit.*
*Nach einer Stunde in dieser permanent von Sprache durchzogenen Umgebung (z.B. im Kindergarten oder in der Schule) sind wir müde, sehr müde. Wir schalten ab. Erst am nächsten Tag versuchen wir es aufs Neue. Wenn wir jemanden treffen, der Deutsch spricht, stürzen wir uns voller Verlangen nach Kommunikation in unserer Sprache auf diese Person. Und reden und reden und reden. Hoffentlich kommt niemand vorbei, der uns sagt: „Hier wird nur Chinesisch gesprochen!"*

Wer einmal in einer solchen Situation gesteckt hat, kann sich vorstellen, wie sich Kinder nicht-deutscher Erstsprachen in unseren Einrichtungen möglicherweise fühlen. Selbst wenn sie schon viel verstehen und auch schon eine Menge sagen können, so kann es trotzdem noch sehr anstrengend für sie sein. (Probieren Sie das beschriebene Szenario einfach noch einmal mit einem mentalen Ausflug z.B. nach England aus.)

Vielleicht tragen diese Kinder viele festsitzende Fehler mit sich herum, verschleifen Sprache, weil sie noch nie ganz deutlich gehört haben, wie es richtig heißt. Und wir als ihr Gegenüber scheuen uns, sie zu korrigieren, weil es eben auch in diesem Alter schon „irgendwie unangenehm" ist. Trotz aller Hoffnungen, dass Kinder Sprache doch „ganz nebenbei" lernen, bleibt das Gefühl, dass wir eigentlich mehr für sie tun müssten, dass sie „richtig gefördert" werden sollten.

Eine Übersicht „Grundsätze für die Sprachförderung nach der KIKUS-Methode" finden Sie im Anhang.

Die folgenden Grundsätze beziehen sich auf die Sprachförderung nach der KIKUS-Methode, werden aber zum Teil natürlich auch in anderen Methoden angewandt. Vergegenwärtigen wir uns dazu noch einmal die drei Bausteine, die im Idealfall Hand in Hand arbeiten sollen:

1. die gezielte Sprachförderung in der Kleingruppe
2. die Zusammenarbeit mit der Einrichtung, um das in Baustein 1 Gelernte im Alltag anzuwenden, zu üben und damit zu vertiefen
3. die Zusammenarbeit mit den Eltern, um die Erstsprachen parallel zum Deutschen zu erhalten und zu fördern

Im Folgenden spreche ich in erster Linie über die **gezielte Sprachförderung in der Kleingruppe**, viele Grundsätze sollten und werden aber mit der Zeit auch automatisch in die Arbeit mit der Gesamtgruppe einfließen.

### Schaffen einer spezifischen Lehr-Lern-Situation

Die spezifische Sprachförderung im Kindergarten- und Grundschulalter braucht einen geschützten Raum. Alle Kinder sollten „in einem Boot sitzen", alle benötigen Unterstützung in ihrem Spracherwerbsprozess. In einer Situation, in der es Kinder gibt, die schon sehr gut Deutsch sprechen können, und andere, die es noch gar nicht sprechen können, wird eine Spaltung eher gefördert als vermindert. Wenn alle Fehler machen, die verbessert werden, oder alle viele Wörter noch nicht kennen, die gelernt werden müssen, dann ist das nicht mehr peinlich, sondern es gehört einfach zum Lernen dazu.

### Lernen mit Spaß in einer angstfreien Situation

Kinder im Alter zwischen drei und zehn Jahren werden sich ganz sicher nicht um Sprache bemühen, weil sie wissen, dass möglicherweise ihre weitere persönliche Schul- und Lebenskarriere davon abhängen kann. Das Einzige, was in diesem Alter zählt, ist Motivation. Es ist die Aufgabe der Kursleitung, eine angenehme, angstfreie Situation zu schaffen, in der die Kinder sich wohlfühlen und mit Freude lernen können. Am besten, Sie werden einfach zum „Sprach-Zauberer"; schaffen Sie Motivation durch für die Kinder spannende Situationen.

### Jedes Kind kommt dran

Eine wichtige Regel bei der Sprachförderung lautet: Jedes Kind kommt dran. Sorgen Sie vom ersten Tag an für das Reihum-Prinzip. Zeigen Sie den Kindern von Anfang an, dass jeder bei jeder Teileinheit sprechen darf und sollte. So wirken Sie ausgleichend zwischen denen, die immer etwas zu sagen haben und denen, die sich am liebsten immer im Hintergrund halten. Beginnen Sie die Runde möglichst bei sich selbst (vormachen statt erklären!) und nehmen Sie dann ein Kind dran, das sprachlich schon relativ weit ist. So ergeben sich automatisch mehrere sprachliche Vorbilder (Wiederholungen!) für die Kinder, die sprachlich noch schwächer sind. Wenn die Kinder etwas in der Hand halten, das sie dann mit ihrer Äußerung aus der Hand geben, ist es relativ leicht, den Überblick zu bewahren, auch wenn es nicht der Reihe nach vorgeht. Wenn es keine solcher Hilfestellungen für die Kursleitung gibt, sollten Sie einfach nach dem Reihum-Prinzip im engeren Sinne verfahren: immer das nächste Kind kommt dran. Achten Sie dabei auf regelmäßigen Richtungswechsel und fangen sie immer mal wieder bei einem anderen Kind an.

### Erstsprachen zulassen und fördern

Unsere Sprache/n ist/sind unmittelbar gekoppelt an unsere Identität, an unser positives Ich-Gefühl, an unser Denken und an unser Fühlen. Wir verstehen die Sprache mithilfe der Welt und die Welt mithilfe von Sprache. Wenn wir eine zweite oder dritte Sprache lernen, hilft uns dabei immer auch schon das Wissen über unsere erste Sprache. Es gibt keinen Grund, einem Menschen eine Sprache zu verbieten.

Manchmal sollte man aber über Formen der sprachlichen Ausgrenzung nachdenken und Regeln des Respekts erarbeiten: Wir sollten den Kindern erklären, warum es in bestimmten Situationen Sinn macht, in der Sprache zu sprechen, die alle beherrschen, damit sich niemand ausgegrenzt fühlen muss.

Wenn man einem Menschen verbietet in seiner Erstsprache zu sprechen, kann dies sehr schnell dazu führen, dass genau das Gegenteil dessen eintritt, was man eigentlich errei-

chen wollte: Möglicherweise entwickelt dieser Mensch nämlich deshalb eine Abwehrhaltung gegenüber dem Deutschen, weil er sich selbst mit seiner Sprache abgelehnt fühlt. Auch deshalb bezieht die Sprachförderung nach der KIKUS-Methode die Erstsprachen der Kinder bewusst aktiv mit ein.

### Mit (möglichst) allen Sinnen lernen

Das ist für Pädagogen nichts Neues, trotzdem bei der Sprachvermittlung noch einmal zu überdenken. Wie komme ich dahin, dass die Kinder Sprache hören, sehen, schmecken, riechen und be-greifen können? Auch für gestandene Fachkräfte ist das immer wieder eine Herausforderung.

### Sprache muss in eine Handlung eingebettet sein und immer einen Zweck verfolgen

Sprache steht im realen Leben nie allein, sie dient immer einem Zweck. Sie ist ein Werkzeug, um Aufforderungen, Fragen, Antworten, Anweisungen etc. auszudrücken. Kinder lernen Sprache beim Erstspracherwerb immer in Handlungszusammenhängen. Sie erwerben in erster Linie sprachliche Handlungsmuster, die mit verschiedenen sprachlichen Mitteln (konkrete Äußerungen) „gefüllt" und variiert werden. Dies sollte auch beim Zweit- bzw. Fremdsprachenerwerb berücksichtigt werden. Die Handlung kann dabei durchaus ein Spiel sein, denn auch spielen ist real. Hauptsache ist, dass die Sprachförderung bei Kindern nicht in einen Pattern-Drill abgleitet.

### Binnendifferenzierung: Jedes Kind da abholen, wo es steht

Im Bereich der Sprachförderung gibt es keine homogenen Gruppen. Schon allein deshalb nicht, weil wir Menschen Individuen sind, auch in Bezug auf unsere Sprache und unser Sprechen. Für manche Menschen ist Sprache ein reines Mittel zum Zweck, das eben auch ausschließlich zweckdienlich eingesetzt wird – nicht ein Wort zuviel. Für den extrem kommunikativen Typus ist Sprache dagegen der Zweck des Lebens an sich. Und dazwischen gibt es noch viele, viele andere Typen. Unsere Aufgabe in der Sprachförderung besteht darin, jedes Kind dort abzuholen, wo es gerade steht: Die „Stummen" motivieren wir liebevoll und respektvoll immer wieder aufs Neue, bis sie nach vielen Fördereinheiten vielleicht mal das erste Wort über die Lippen bringen; die Sprechfreudigen mit vielen Verschleifungen versuchen wir zu „erden", um sie zum langsameren und deutlicheren Sprechen zu motivieren; den sprachlich schwachen Kindern bieten wir Äußerungen „häppchenweise" an (z.B. Wort für Wort); die sprachlich stärkeren Kinder lassen wir Geschichten erzählen. Dafür braucht man als Kursleitung selbst ein hohes sprachliches Bewusstsein.

### Mündliche Standardsprache verwenden

Der deutschsprachige Raum ist ein Reich der Dialekte und sprachlichen Färbungen. Das ist so und das ist auch gut so. Im Hinblick auf die Schule und auf den Schriftspracherwerb ist es jedoch vor allem wichtig, die mündliche Standardsprache zu beherrschen. Bedenken Sie, dass die zu fördernden Kinder meistens noch eine weitere Sprache, nämlich ihre Erstsprache zu lernen haben. Sie machen es den Kindern leichter auf dem Weg zur Chancengleichheit, wenn Sie sich in der Sprachförderung für die mündliche Standardsprache entscheiden. Die mündliche Standardsprache ist jedoch nicht zu verwechseln mit der Schriftsprache, die wiederum ganz eigene Strukturen haben kann, z.B. sagt man normalerweise: *Zuerst haben sie sich die Hände gewaschen und dann haben sie gegessen*, schreibt aber: *Zuerst wuschen sie sich die Hände und dann aßen sie.*

### Langsam, klar und deutlich sprechen

Wenn ein Kind die fremde Sprache noch nicht versteht, ist es sehr wichtig, dass wir uns

als Gegenüber darauf einstellen. Es ist unerlässlich, dass wir langsamer als sonst, klar und deutlich sprechen. Komplexe Satzkonstruktionen sollten vermieden werden, zugunsten einfacherer Äußerungen. Das bedeutet jedoch keinesfalls, dass wir in eine „Baby-Sprache" oder „Ausländer-Sprache" verfallen.

### Augen- und Körperkontakt einsetzen

Grundsätzlich ist es sinnvoll, sich auf Augenhöhe mit dem Kind zu begeben und es dabei auch freundlich zu berühren. Dies ist die beste Form, sich die Aufmerksamkeit des Kindes und damit die Kommunikation an sich zu sichern. So hat das Kind auch die Möglichkeit, uns auf den Mund zu schauen. Für viele Bereiche der Artikulation ist dies wichtig, z.B. um den Unterschied zwischen *den* und *dem* überhaupt wahrzunehmen.

### Mimik und Gestik einsetzen

Auf den Einsatz von Mimik und Gestik kann man bei der Sprachvermittlung grundsätzlich nie verzichten. Durch freundliche Mimik und Gestik schafft man Vertrauen und Sicherheit wie auch eine offene Kommunikationsbereitschaft.

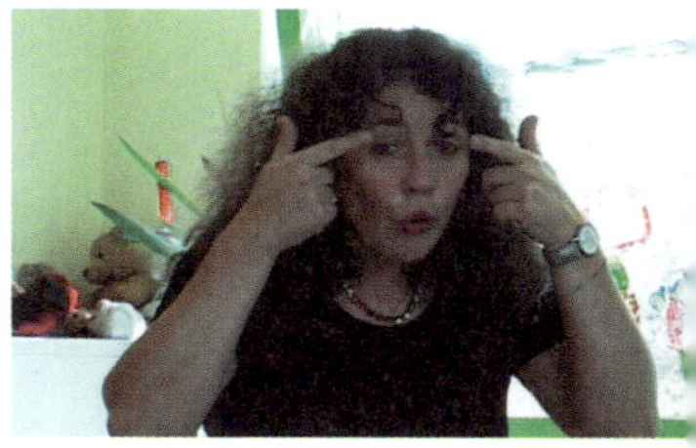

Mit Mimik kann man ganz schnell „erklären", dass jemand oder etwas *fröhlich, traurig, wütend, ernst* oder *ängstlich* ist. Auch andere Adjektive (z.B. *groß* und *klein*) sowie Substantive (z.B. *Ball, Haus*), Zahlen (Fingerzeichen 1-10) und natürlich eine Vielzahl an Verben (z.B. *lesen, essen*) sind durch Mimik und Gestik darstellbar. Man kann auf alles zeigen oder bestimmte Dinge anfassen (z.B. Körperteile), um klarzumachen, worüber man spricht.

Ein besonderer Hinweis gilt der gestischen Darstellung von Präpositionen (deren Urheber mir leider unbekannt ist), die den Kindern eine große Hilfe ist und viel Spaß macht:

- *über* = eine Hand flach über den Kopf halten
- *unter* = eine Hand flach unter das Kinn halten
- *auf* = eine Hand flach auf den Kopf legen
- *vor* = eine Hand flach vor das Gesicht halten
- *hinter* = eine Hand flach hinter den Kopf halten
- *neben* = eine Hand flach an die Wange legen
- *zwischen* = beide Hände flach an die Wangen legen
- *in* = den Zeigefinger einer Hand in den offenen Mund führen

### Intonation und das Spiel mit der Stimme einsetzen

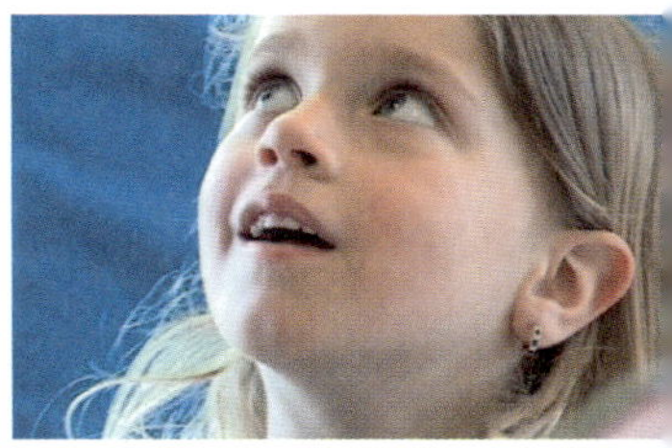

Das Spiel mit der Stimme hat einerseits ähnliche Qualitäten wie der Einsatz von Mimik und Gestik. Eine freundliche Stimme schafft Vertrauen – das wichtigste Element für die Arbeit mit Kindern.

Aber natürlich können wir auch anderes mit unserer Stimme „kreieren", nämlich das Zweitwichtigste für die Sprachförderung mit Kindern: Spannung. Durch den geschickten Einsatz von Stimme wird jede Plastiktüte zum Zaubersack, jede noch so kleine Kleinigkeit zu einem großen Abenteuer. Wenn man die Kinder ein schwieriges Wort fünfmal im Chor nachsprechen lässt, dann wenden sich die Kinder gelangweilt ab. Aber wenn man es mal ganz laut und dann ganz leise und dann wie ein Baby und dann wie ein Roboter sprechen lässt, haben sie größten Spaß an der Sache. Manchen Menschen fällt es nicht leicht, mit der Stimme aus sich herauszugehen, aber die Erfahrung hat gezeigt: Es ist lernbar!

### Kinder schnell in die Sprecherrolle bringen

Die Begriffe „Sprecher" und „Hörer" wurden bereits in Kapitel 3 kurz eingeführt. Der

Sprecher unterscheidet sich vom Hörer in erster Linie dadurch, dass er einen Dialog initiiert und damit einen bestimmten Zweck verfolgt. Der Hörer reagiert – natürlich auch sprachlich. Als Kursleitung neigt man leicht dazu, ständig in der Sprecherrolle zu agieren. Die Rolle der Kinder besteht dann darin, zu reagieren. Ziel sollte es jedoch sein, die Kinder so schnell wie möglich auch in die Sprecherrolle zu bringen.

Beispiel: die Runde mit dem Zaubersack. Die Kursleitung geht von Kind zu Kind und fragt jedes Mal: *Was ist heute im Zaubersack?* Die Kinder antworten, zumeist durch Ein- oder Zwei-Wort-Äußerungen (z.B. *Auto* oder *ein Buch*). Am Ende der Runde ist die Person, die am meisten gesprochen hat, die Kursleitung. Die Kunst besteht nun darin, die Sprecherrolle abzugeben, und zwar an die Kinder. Dabei hilft das Reihum-Prinzip. Wenn die Kursleitung nach der Antwort des ersten Kindes den Zaubersack an dieses Kind abgibt, gibt sie auch die Sprecherrolle ab. Das Kind fragt das nächste Kind *Was ist heute im Zaubersack?*, lässt das Kind fühlen, wartet seine Antwort ab und gibt dann den Zaubersack weiter an dieses Kind. Der Lerneffekt liegt dann nicht nur bei den Antworten der Kinder sondern auch im Verbalisieren der komplexen Äußerung *Was ist heute im Zaubersack?*

Ein zweites Beispiel: die Vorstellungsrunde. Wenn Sie Kindern beibringen möchten, wie man sich vorstellt, z.B. mit der ganzen Äußerung *Ich heiße Simon und ich bin fünf Jahre alt*, dürfen Sie sie nicht nach ihrem Namen und ihrem Alter fragen. Denn dann erhalten Sie Ein-Wort-Antworten *(Wie heißt du? – Simon. / Und wie alt bist du? – Fünf.)* Das ist ganz sprachnatürlich; so würden auch wir als kompetente Sprecher in dieser Situation antworten. Alternativ dazu leiten Sie die Vorstellungsrunde ein, indem Sie sich selbst vorstellen. Dann fragen Sie das erste Kind: *Und du?* Es wird automatisch die ganze Vorstellungs-Äußerung verwenden, weil das in dieser Situation angemessen und sinnvoll ist. Es kann natürlich sein, dass das Kind diese Herausforderung sprachlich noch nicht alleine bewältigen kann. Dann sind schnelle Hilfestellungen angesagt.

Warum ist es wichtig, die Kinder in die Sprecherrolle zu bringen? Einige Kinder bauen, wenn sie nicht selbst sprachlich aktiv werden, eine Hemmschwelle auf. Mit wachsendem passivem Wissen wird diese Schwelle immer höher statt niedriger, wie man eigentlich erwarten sollte. (Das gibt es z.B. auch bei Kindern, die in der Familie mehrsprachig aufwachsen.) Je früher sie selbst anfangen zu sprechen, desto schneller wird diese potenzielle Schwelle überwunden.

### Schnell sprachliche Hilfestellungen geben

Wenn ein Kind, das beim Sprechen an der Reihe ist, nichts sagt, liegt es meistens daran, dass es nichts sagen kann; in den seltensten Fällen liegt es daran, dass es nichts sagen will oder noch Zeit braucht, um sich zu äußern. Jetzt ist es an der Kursleitung, so schnell wie möglich sprachliche Hilfestellungen zu geben – lieber zu früh als zu spät. Lassen Sie die Kinder nie „im Regen" stehen, in der Hilflosigkeit, nichts sagen zu können. Sprechen Sie die erwartete Äußerung einfach vor, falls erforderlich in „Häppchen". Hinweise wie „Darüber haben wir doch gestern erst gesprochen" oder „Du weißt das doch, bestimmt fällt es dir noch ein" sind keine wirklichen Hilfestellungen. Denken Sie daran, über wie viele Dinge gestern gesprochen wurde und wie viel diese Kinder lernen müssen. Fühlen Sie mit dem Kind, seien Sie empathisch.

Die Kinder sind dankbar für sprachliche Hilfestellungen. Mit der Zeit signalisieren sie der Kursleitung durch Blickkontakt von sich aus, dass sie Hilfe benötigen. Achten Sie darauf! In der Großgruppe wenden sich die Kinder gezielt an die Personen, die sie aus der

Sprachförderarbeit kennen und von denen sie wissen, dass sie sie verstehen. Sie werden für sie zu „Sprachspezialisten".

### Loben – loben – loben!

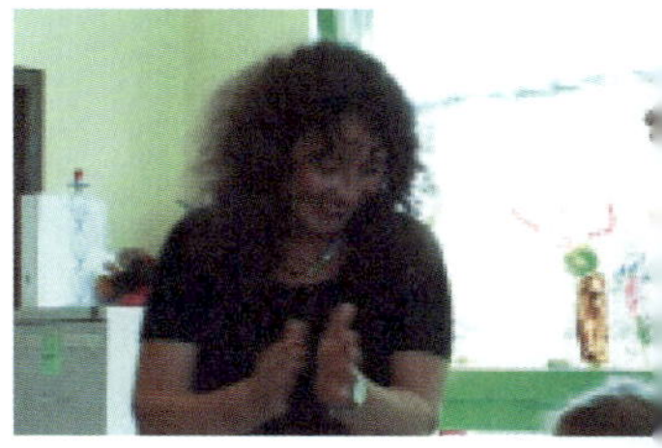

Loben lässt lernen. Lob ist angenehm. Lob motiviert. Lob öffnet für den nächsten Schritt. „Inflationäres Loben" gibt es nicht. Loben macht Spaß! Loben Sie die Ihnen anvertrauten Kinder vor allem auch für ihre sprachlichen Äußerungen: „Das hast Du schön gesagt!" Dadurch fokussieren sich die Kinder selbst auf ihr Sprechen und achten auf das der anderen. Sie bemühen sich um eine gute Aussprache und um die Korrektheit ihrer Äußerungen.

### Vom passiven zum aktiven Wissen

Wissen ist immer zuerst passiv und wird dann frei zum aktiven Gebrauch. Das gilt auch für Sprache. Jeder Mensch versteht grundsätzlich mehr als er sagen kann. Für die Einführung neuer Wörter oder neuer Äußerungen bedeutet das, dass die Kursleitung zunächst die Vorgaben mehrfach benutzen muss, was in ganz unterschiedlichen Formen geschehen kann. Erst in einem zweiten Schritt kommt dann der aktive Part hinzu, das zumeist noch etwas „holprige" Sprechen des Wortes bzw. der Äußerung. Bis dann der sprachliche Neuerwerb in einen flüssigen Gebrauch übergeht, braucht es meistens eine ganze Weile.

### Wiederholen – wiederholen – wiederholen!

Im Rahmen des Spracherwerbs kann man nicht häufig genug wiederholen, beim Input wie beim Output, beim Eingeben von Sprache wie beim Sprechen der Kinder selbst. Wie oben schon erwähnt, braucht es Zeit, bis ein sprachliches Element vom passiven ins aktive Wissen überführt wird, bis es selbstverständlich verwendet wird. Der Weg dahin heißt Wiederholung.

### Vom einfachen zum komplexen Sprechen

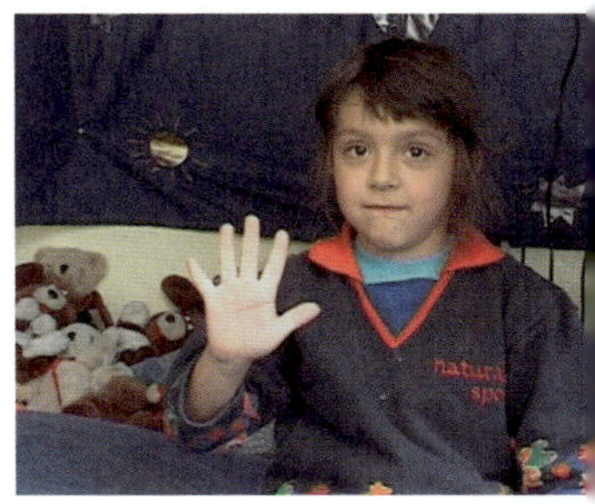

Kinder, die ihre Erstsprache(n) erwerben, agieren zunächst mit Ein- und Zweiwortäußerungen, bis ihre Sprache dann peu à peu immer komplexer wird. Ähnlich verläuft der natürliche Zweit- und Fremdspracherwerb auch. Als Kursleitungen müssen wir die Kinder immer da „abholen", wo sie in diesem Prozess gerade stehen; wir müssen uns sowohl beim Individuum als auch in der Gruppe durch einfache Äußerungen den komplexeren nähern. Dabei ist darauf zu achten, dass wir die Kinder weder unter- noch überfordern.

### Eselsbrücken bauen

Eselsbrücken sind hervorragende Erinnerungshilfen – je simpler desto besser: *Wer nämlich mit H schreibt, ist dämlich.* Diese Eselsbrücke kennen die meisten von uns noch aus der Grundschule. Wer als deutscher Muttersprachler Italienisch lernt, wird sich wahrscheinlich schnell einen Begriff wie *naso (Nase)* merken können, weil er ähnlich klingt wie in der eigenen Sprache. Türkische Muttersprachler können sich das italienische Wort *pasta* für Nudelerzeugnisse gut merken, auch wenn dasselbe Wort *pasta* im Türkischen *Kuchen* bedeutet (vielleicht weil beides aus Mehl gemacht wird). Und wenn ich mir das türkische Wort *erik (Pflaume)* merken möchte, dann erinnere ich mich an meine Eselsbrücke *Erik isst gerne Pflaumen.* Eselsbrücken sind normalerweise persönlicher Art, können aber auch manchmal für eine Gruppe brauchbar gemacht werden. Das Bauen von Eselsbrücken ist in der Sprachförderung grundsätzlich zu unterstützen.

### Neues Vokabular limitieren

Häufig wird angenommen: Je mehr Wörter von der Kursleitung benutzt werden (sprach-

licher Input), um so größer wird der Wortschatz der Kinder. Das stimmt so nicht. Zumindest nicht, wenn man zu schnell vorgeht. Der Mensch kann sich nur eine begrenzte Anzahl neuer Begriffe auf einmal merken. Für die Sprachförderung gilt als Grundregel: pro Kind und Stunde ein neues Wort (max. 8 neue Wörter, die in den aktiven Wortschatz aufgenommen werden sollen). Also auch hier heißt es wieder: Weniger ist mehr!

Das soll selbstverständlich nicht bedeuten, dass wir den Wortschatz der Kinder nicht kontinuierlich erweitern sollten. Dies geschieht jedoch über einen längeren Zeitraum – wiederum ein Argument dafür, mit der Sprachförderung so früh wie möglich zu beginnen.

### Eine klare Äußerungsvorgabe

Dieses Thema wurde bereits in Kapitel 5, Unterkapitel „Die gelenkte Sprachübung" angesprochen. Auch in Bezug auf den Variationsreichtum von Äußerungen mit der gleichen Funktion wird – wie beim Wortschatzausbau – gemeinhin angenommen, dass mehr besser ist als weniger. Für die frühe Phase des Zweit- oder Fremdspracherwerbs gilt das ganz und gar nicht – weder bei Kindern noch bei Erwachsenen. In einem ersten Schritt ist es sinnvoll, vorerst nur eine Äußerung vorzugeben, die dem Lerner in vielen verschiedenen Situationen weiterhilft. So kann z.B. die höfliche Aufforderung *Ich möchte bitte ...* in vielen Situationen angewandt werden: *Ich möchte bitte einen blauen Ordner. / ... einen Aufkleber. / ... eine Tasche. / ... einen Stempel. / ... ein Glas Wasser. / ... auf die Toilette gehen. / ... zu meiner Mama. / ... aufhören.* Wenn ich diese Vorgabe nun als Kursleiter gleich am Anfang variiere *(z.B. Kann ich bitte ... / Darf ich bitte ... ),* kommen die Lerner durcheinander; dann wissen sie gar nicht mehr, was sie sagen sollen. Das heißt: Es gilt, zunächst eine Äußerung anzubieten und zu festigen; erst dann kann man anfangen, diese Äußerung zu variieren. Wenn nun in einer Runde eine andere Variante von einem Kind selbst kommt, dann ist diese natürlich vollkommen akzeptabel. Wenn jedoch das nächste Kind wieder unsicher ist, sollte man sofort zur ursprünglichen Äußerungsvorgabe zurückkehren.

### Fehler in der gelenkten Sprachübung sensibel verbessern

Sprachliche Fehler zu verbessern, ist grundsätzlich eine heikle Angelegenheit. Auch wenn jeder weiß, dass die Sprachlerner darauf angewiesen sind, muss ganz klar vereinbart sein, in welchem Rahmen dies geschehen darf und soll, damit es nicht unangenehm wird. Die meisten pädagogischen Fachkräfte haben gelernt: grundsätzlich nur korrektives Feedback geben. Beispiel: Ein Kind kommt, streckt der Erzieherin ein Spielzeugauto entgegen und sagt: *Da eine rote Auto!* Die Erzieherin bemerkt die fehlerhafte Äußerung und reagiert korrigierend: *Oh ja, du hast ein rotes Auto.* Das ist in der Alltagskommunikation normal und angemessen. Trotzdem können wir nicht davon ausgehen, dass ein Kind auf diese Weise lernt zu sagen: *Ich habe ein rotes Auto!* Dafür braucht es eine klare sprachliche Vorgabe.

Das aktive Verbessern von Fehlern ist erst einmal nur in der gezielten Sprachförderung und dort in gelenkten Sprachübungen angebracht, weil dort ein angemessener, geschützter Rahmen dafür besteht: Alle Kinder sitzen in einem Boot, alle machen Fehler, alle werden verbessert. Es ist normal. Grundsätzlich ist aber auch hier äußerste Sensibilität von größter Wichtigkeit. So sollte man versuchen, die Wörter *nein* und *falsch* aus dem eigenen Korrekturrepertoire zu streichen.

Wenn die Kinder dann Vertrauen zum „Sprachspezialisten" gefasst haben, akzeptieren sie auch sensible Korrekturen in passenden Situationen im Alltag.

### Zum Nachsprechen auffordern

Das, was wir selbst einmal ausgesprochen haben, vergessen wir nur halb so schnell wieder wie das, was wir nur gehört haben, auch wenn es mehrfach war (probieren Sie das einmal mit den Namen ausländischer Präsidenten aus). Die Aufforderung zum Nachsprechen ist ein ganz natürliches sprachliches Handlungsmuster, das in den ersten drei Lebensjahren des Kindes sehr häufig zwischen Erwachsenen und Kindern realisiert wird. Dazu ein Beispieldialog zwischen einem Großvater und seiner etwa eineinhalbjährigen Enkelin:

*Kind:* *Da! (streckt Großvater eine Gummiente entgegen)*
*Großvater:* *Ente. Sag mal „Ente".*
*Kind:* *Te.*
*Großvater:* *En-te.*
*Kind:* *Ente.*
*Großvater:* *Bravo! Ente.*

Selbst im Fremdsprachenunterricht sind ähnliche Dialoge gängig. Auch bei Kindern zwischen drei und zehn Jahren kann dieses frühkindliche Handlungsmuster problemlos reaktiviert werden. Wenn Sie diese Strategie gleich in den ersten Fördereinheiten einführen – das Loben ist dabei das wichtigste Element (!) – automatisiert sich das Nachsprechen so wie bei Kleinkindern auch. Mit der Zeit brauchen die Kinder nicht mehr explizit zum Nachsprechen aufgefordert werden; sie machen es von allein (Imitation).

Auf eine Hürde sei allerdings noch hingewiesen: Kinder, die sprachliche Schwierigkeiten auf anderen Ebenen haben (z.B. Aussprache, Sprachentwicklungsverzögerungen) reagieren bisweilen äußerst empfindlich auf die Aufforderung zum Nachsprechen. Warum? Weil sie mit der Zeit ein Bewusstsein dafür entwickeln, dass sie die Zieläußerung nicht hundertprozentig erreichen können. Seien Sie in solchen Fällen großzügig und wiederum empathisch. Loben Sie alle Bemühungen dieser Kinder!

### Chorsprechen

Eine gute Hilfe bei der Aufforderung zum Nachsprechen ist das Nachsprechen im Chor, also in der ganzen Gruppe. Gerade am Anfang gibt dies viel Sicherheit. Die Kinder können sich gut ausprobieren, ohne unmittelbar wahrgenommen zu werden. Das Loben sollte auch dabei nicht vergessen werden. Danach fällt das Nachsprechen als Einzelperson wesentlich leichter. Das Chorsprechen kann man immer wieder zwischenschalten, um alle Kinder einzubinden. Es kann mit dem Silbenklatschen verbunden und nach Belieben variiert werden: laut, leise, tief, hoch, roboterhaft etc.

### Äußerungen zergliedern

Wenn die nachzusprechende Äußerung für ein Kind zu lang ist, sollte sie zergliedert, also in kleinere „Häppchen" aufgeteilt werden: in Teileinheiten, in Worteinheiten oder sogar in Silbeneinheiten. Beispiel: Die Äußerung

*Ich möchte bitte eine Tasche*

kann in folgenden Weisen zergliedert werden. Das Kind spricht dann immer nur die jeweiligen Teileinheiten nach:

*Ich möchte – bitte – eine Tasche*
*Ich – möchte – bitte – eine – Tasche*
*Ich – möch-te – bit-te – ei-ne – Ta-sche*

Jeder, der einmal eine Fremdsprache gelernt hat, weiß, dass dies nicht unangenehm, sondern hilfreich ist. Allerdings muss man darauf achten, dass man die Funktion der Äußerung dabei nicht aus den Augen verliert. Auch hierbei ist also ein hohes Maß an Sensibilität auf Seiten der Kursleitung gefragt.

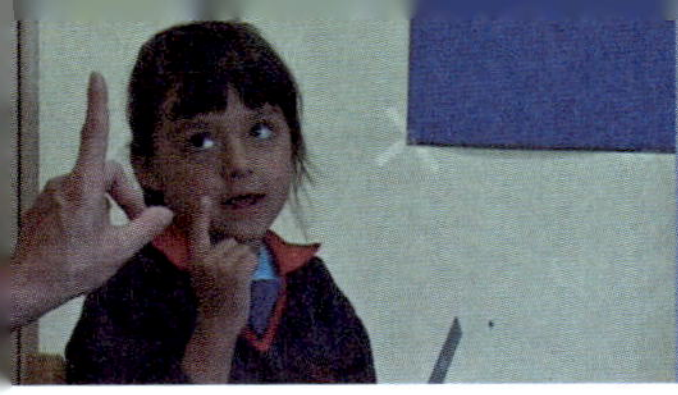

# 7 Was soll ein Kind durch die Sprachförderung lernen?

Was soll ein Kind durch die Sprachförderung im Deutschen lernen?

Wenn man sich diese Frage stellt, fällt einem meistens zunächst einmal der Bereich Wortschatz ein. Die Kinder sollen lernen, Dinge konkret zu benennen, angefangen bei alltäglichen Gebrauchsgegenständen wie z.B. *Waschbecken* bis hin zu Differenzierungen wie z.B. *Baum – Busch – Gebüsch.*

In einem zweiten Schritt fällt häufig der Hinweis, dass die Kinder – und zwar alle – heutzutage kaum noch in „ganzen, richtigen Sätzen" sprechen. Dem möchte man beikommen, aber es zeichnet sich schnell ab, dass dies schon weitaus schwieriger ist als der Ausbau des Wortschatzes.

Aber Sprache ist natürlich noch viel, viel mehr. Und dementsprechend müssen die zu fördernden Kinder auch noch wesentlich mehr lernen. Ich möchte versuchen, ein wenig Licht in die „Was-soll-ein-Kind-eigentlich-durch-die-Sprachförderung-lernen"-Frage zu bringen. Deshalb will ich zunächst kurz charakterisieren, was Sprache eigentlich umfasst, und wann Kinder was lernen. Dann möchte ich etwas näher beschreiben, was es mit den bereits in der Einführung erwähnten sprachlichen Handlungsmustern auf sich hat. Und schließlich komme ich zu den Bereichen Wortschatz und Grammatik und der Frage, was es in diesen Bereichen bis zum Grundschulalter zu „erobern" gilt.

## Sprache, Erstspracherwerb und Mehrsprachigkeit

Was ist eigentlich Sprache? Welche Bestandteile hat sie? Wofür brauchen wir sie?

In gängigen Lexika finden sich zum gegenwärtigen Zeitpunkt etwa folgende Aussagen: Der Begriff „Sprache" hat zwei eng miteinander verwandte Bedeutungen, *die Sprache* (als System; ohne Plural) und *eine* Sprache (unter vielen). Die Sprache ist eines der wichtigsten Elemente der menschlichen sozialen Kommunikation. Je besser sie von klein auf ausgebildet wird, um so differenzierter kann sich der Mensch ausdrücken. Sprache wird akustisch durch Schallwellen (Lautketten) oder visuell-räumlich durch Gebärden (Gebärdensprache) oder Schrift (Schriftsprache) realisiert. Sie umfasst einen Wortschatz, welcher bedeutungstragende (semantische) Informationen enthält, und eine Grammatik, welche die Wörter in Beziehung zueinander setzt. Für die Pragmatik ist Sprache ein zweckorientiertes Handlungssystem, das mental verankert ist.

Die sich hier bereits abzeichnende **Komplexität von Sprache** und deren integrative Bestandteile hat Wolfgang Wendlandt (siehe Literaturliste) versucht, in Form eines „Sprachbaumes" abzubilden. Im Sprachbaum soll symbolisch das erfasst sein, was für Sprache und ihren Erwerb im Kindesalter bedeutsam ist. Sprechen wird als Ergebnis einer positiven Gesamtentwicklung gesehen:

Der fruchtbare „Boden", auf dem Sprache und Sprechen gedeihen kann, ist die Lebensumwelt, die Kultur, die Gesellschaft, in der ein Kind aufwächst. Zu den „Wurzeln" des Baumes, die sich in diesem Boden entwickeln, gehören das Schreien / Lallen, das Hören, das Sehen, das Tasten, die Grob- und Feinmotorik, die sozialemotionale Entwicklung, die

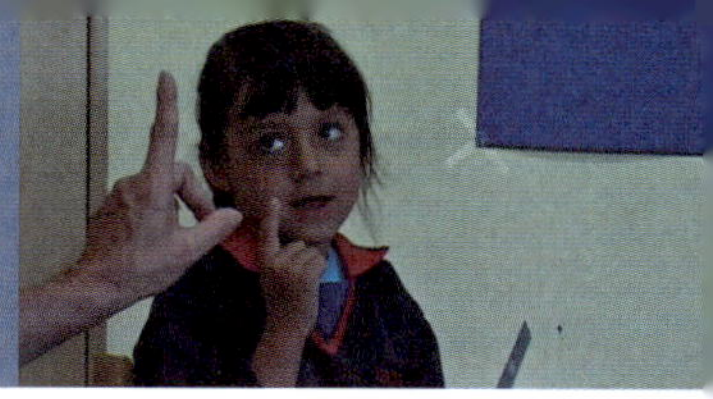

geistige Entwicklung sowie die Hirnreifung. All diese Faktoren müssen im Individuum positiv zusammenwirken (sensomotorische Integration), damit sich Sprache auf einer gesunden Basis entwickeln kann.

Hinzu kommen müssen „Wasser" und „Licht": die Kommunikation mit der Außenwelt, die intensive sprachliche Interaktion mit den Bezugspersonen gepaart mit Liebe, Wärme und Akzeptanz. Auch diese Faktoren sind unerlässlich für den Spracherwerb.

Aus all diesen inneren und äußeren Grundlagen heraus entwickelt das Kind sein Sprachverständnis und seine Sprechfreude („Baumstamm"). Als „Baumkrone" stellt Wendlandt das dar, was den aktiven Sprachgebrauch im weiteren Sinne ausmacht: Artikulation, Wortschatz und Grammatik. Und die Krone der Krone ist der Schriftspracherwerb.

Auch wenn das Sprachbaum-Symbol nicht alle Aspekte des Spracherwerbs im Detail erfasst – was sicherlich auch nicht beabsichtigt war – zeigt dieses Bild sehr anschaulich, was alles dazugehört, damit sich Sprache auf einer guten Basis entwickeln kann. Was das Baum-Symbol darüber hinaus impliziert, ist die Tatsache, dass Spracherwerb als ein lebenslanger Prozess zu verstehen ist, der – spätestens – mit der Geburt beginnt und erst mit dem Tod eines Menschen endet.

Innerhalb dieses Prozesses gibt es **spezifische Phasen**, in denen bestimmte sprachliche Aspekte besonders intensiv entwickelt und – vor allem (!) – geübt werden. Dies gilt für einsprachig und mehrsprachig aufwachsende Kinder in gleicher Weise. Für die kurze Darstellung dieser Phasen greife ich auf die Sprachpyramide von Wendlandt, auf das Buch von Triarchi-Herrmann und auf meine eigenen wissenschaftlichen Studien zurück (siehe Literaturliste). Grundsätzlich ist natürlich zu berücksichtigen, dass Spracherwerb auch ein individueller Prozess ist; insofern gelten die Altersangaben nur als Richtlinien, nicht als absolutes Muss.

Im ersten Lebensjahr widmet sich das Kind sehr intensiv seinen Artikulations- und Stimmorganen. Es werden alle möglichen – und für erwachsene Sprecher bisweilen unmögliche – Laute in unterschiedlichen Tonlagen produziert, ausprobiert und immer wieder geübt. Diese Laute können allen Sprachen der Welt angehören; erst mit der Zeit konzentriert sich das Kind auf solche Laute, die es in seiner Umgebung wahrnimmt. Diese Phase ist für die Förderung von Mehrsprachigkeit im artikulatorischen Bereich sehr wichtig.

Elementar ist in dieser Phase auch die Interaktion des Kindes mit seinen Bezugspersonen. Zwischen ihnen entwickelt sich ein System aus Lautproduktionen, Wahrnehmung, Interpretationen und Reaktionen. Es entstehen – zunächst noch sehr spezifische – Kommunikationsstrukturen. Etwa im Alter von 6 Monaten weiß das Kind bereits, wie der Sprecherwechsel im Dialog in seinen Grundzügen funktioniert: einer redet und der andere hört zu; dann umgekehrt.

Nun folgt die Phase der Silbendoppelung *(ba-ba, de-de, me-me)*. Voraussetzung für diese Aktivität ist das bewusste Produzieren von Lauten. Und die Fähigkeit zur Silbendoppelung ist wiederum die Voraussetzung für das Bilden von Wörtern.

Gerade in dieser Phase ist das Imitieren von größter Bedeutung. Imitation ist – entgegen der gängigen Meinung – kein einseitiger, sondern ein wechselseitiger Prozess: Besonders in den ersten Lebensmonaten (Lallphase) werden die Lautproduktionen der Kinder zunächst intensiv von den Erwachsenen imitiert. Sie machen den Kindern quasi vor, wie man imitiert. Erst in einem zweiten Schritt beginnen die Kinder zuerst die Lautproduk-

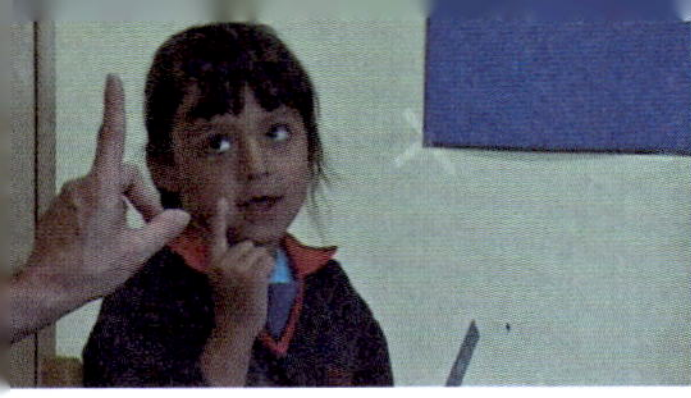



tionen *(z.B. mama, papa)* und dann die Äußerungen von Erwachsenen zu imitieren. Hier zeigt sich erneut, wie wichtig eine intensive Interaktion mit dem Kind ist.

Etwa im Alter von einem Jahr spricht das Kind die ersten Wörter, die für das Kind eine Bedeutung (oder zumeist mehrere Bedeutungen) haben: *da, auf, nein, mama oder wauwau.* Sie sind als Ein-Wort-Äußerungen gepaart mit verschiedenen Intonationsmustern zu vielerlei Zwecken einsetzbar: Sie können z.B. als Aufforderungen *(Mama, nimm mich auf den Arm.)*, als Mitteilungen *(Da ist eine Mama.)* oder sogar als Fragen *(Wo ist Mama?)* fungieren. Hier zeigt sich, dass auch die ersten sprachlichen Handlungsmuster bereits sehr früh angelegt werden.

Mit etwa eineinhalb Jahren verfügt das Kind über einen Wortschatz von ca. 50 Wörtern. Bei mehrsprachig aufwachsenden Kindern verteilen sich die Wörter – zumeist recht ungleich – auf zwei Sprachen (es sind also ebenfalls 50 und nicht 100 Wörter). Das Kind beginnt, diese Wörter miteinander zu kombinieren, um zweckdienlicher agieren zu können. Auch dies lernt es natürlich in der Interaktion mit seinen Bezugspersonen. Es arbeitet weiterhin aktiv an seiner Artikulation. In dieser Phase wird die Aufforderung zum Nachsprechen am häufigsten genutzt, weil das Kind auf Korrekturen und Bestätigungen angewiesen ist. Dieses Handlungsmuster wird mit der Zeit automatisiert: Das Kind imitiert von sich aus die betonten Teile der Äußerungen seiner Interaktionspartner und seiner Umwelt.

Der Wortschatz wächst nun explosionsartig. Zwei-, Drei- und Mehrwort-Äußerungen halten Einzug in das kindliche Sprechen. Kinder, die mit mehr als einer Sprache aufwachsen, mischen noch in den Bereichen Wortschatz und Grammatik. In Rollenspielen kann man beobachten, wie sie sich auch mit verschiedenen sprachlichen Handlungsmustern auseinandersetzen.

Im Alter von ca. drei Jahren bildet das Kind korrekte einfache Sätze und probiert sich in der Grammatik aus *(z.B. Ich hab geesst.)* Wenn es zweisprachig aufwächst, gelingt es ihm inzwischen, die beiden Sprachen zu differenzieren. Die meisten Kinder haben bis zu dem Alter von drei Jahren gelernt, mit wem sie welche Sprache sprechen können.

Man kann davon ausgehen, dass Dreijährige ein lexikalisches, grammatisches und handlungspraktisches Grundwissen erworben haben, das passiv wesentlich größer ist als es sich im aktiven Gebrauch zeigt. Dies setzt bereits ein hohes Maß an sprachlicher Bewusstheit beim Kind voraus. Das Grundwissen wird von nun an weiter ausgebaut, verfeinert und möglicherweise auch um neue Sprachen erweitert. Dies gilt vor allem für die Bereiche sprachliche Handlungsmuster, Wortschatz und Grammatik.

## Sprachliche Handlungsmuster

Sprechen ist eine Form des gesellschaftlichen Handelns. Es findet immer zwischen – mindestens – zwei Interaktionspartnern statt, systematisch gesehen zwischen einem **Sprecher (S)** und einem **Hörer (H)**. Sprachliches Handeln dient dazu, etwas in der Wirklichkeit zu verändern, d.h. unserem Sprechen liegt immer ein bestimmter **Zweck** zugrunde. Wir sprechen nie um des Sprechens willen. Um diese Zwecke zu realisieren, greifen wir auf gesellschaftlich „genormte" sprachliche Handlungsmuster zurück.

Ein sprachliches Handlungsmuster entspricht nicht unmittelbar einem Satzmuster. Es ist eine übergreifende bzw. tiefer gehende Einheit, die nur anhand des zugrunde liegenden Zwecks zu ermitteln ist. Muster können sprachlich immer unterschiedlich realisiert wer-

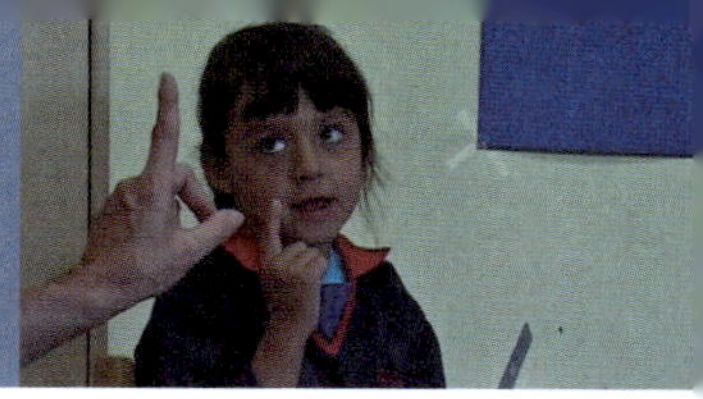

den. Wenn ich z.B. Hilfe von einer anderen Person benötige, so muss ich im Normalfall darum bitten. Ich greife als Sprecher also auf das sprachliche Handlungsmuster der *Bitte* zurück, kann dies aber unterschiedlich „füllen":

Beispiel 1: *Hilf mir, bitte.*

Beispiel 2: *Kannst du mir bitte helfen?*

Beispiel 3: *Entschuldige, ich brauch' mal deine Hilfe.*

Beispiel 4: *Hilfe!*

Beispiel 5: *Oh Mann, ich schaff' das nicht alleine.*

Für den Hörer gibt es mindestens ebenso viele Möglichkeiten zu reagieren. Im Handlungsmuster der *Bitte* hat er einen relativ großen Handlungsspielraum, weil er ja nicht helfen muss:

Beispiel 1: *Aber natürlich.*

Beispiel 2: *Du, ich kann grad' nicht.*

Beispiel 3: *Kann das nicht jemand anders machen?*

Beispiel 4: (H reagiert gar nicht)

Beispiel 5: *Doch, das schaffst du schon.*

Wenn es sich nicht um das Handlungsmuster *Bitte*, sondern um einen *Befehl* handeln würde, sähen die Äußerungen sicher anders aus. Das Kind muss auch solche feinen Unterschiede beim Spracherwerb mitlernen.

Es ist bisher noch keine Liste an sprachlichen Handlungsmustern erstellt worden, die ein Kind bis zum Eintritt in die Grundschule beherrschen muss bzw. welche stillschweigend von ihm erwartet werden. Mit den folgenden Vorschlägen soll ein erster Schritt in diese Richtung getan werden – ohne Anspruch auf Vollständigkeit:

### Sich-Begrüßen

Beispiel: *S: Hallo //Guten Morgen / ...*
*H: Hallo / Guten Morgen / ...*

### Zählen

Beispiel: *S: Wie viele sind wir heute?*
*H: Neun.*

### Raten

Beispiel: *S: Was ist heute im Zaubersack?*
*H: Eine Pizza.*
*S: Hmhm. Könnte sein.*

### Aufforderung

Beispiel: *S: Ich möchte (bitte) Wasser.*
*H: Bitteschön.* (gibt S ein Glas Wasser)
*S: Danke.*

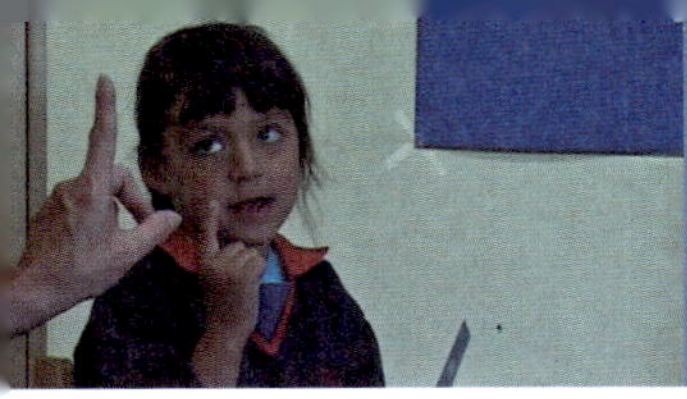



### Bitte

Beispiel: *S: Hilf mir bitte.*
*H: Gerne.* (hilft)
*S: Danke.*

### Einfache Aussage / Assertion

Beispiel: *S: Da sind zwölf Stifte drin.*
*H: Hm. Stimmt.*

### Erzählen (Assertionsverkettung)

Beispiel: *S: Gestern war ich auf dem Spielplatz. Ein Junge ist vom Klettergerrüst gefallen. Der musste ins Krankenhaus.*
*H: Oh je!*

### Beschreiben (Assertionsverkettung)

Beispiel: *S: Mein Hund ist ziemlich groß. Er hat ein schwarzes Fell und weiße Pfoten. Seine Augen sind braun.*
*H: Aha.*

### Handlungsanweisung

Beispiel: *S: Nimm den Ordner aus der Tasche und leg ihn unter den Stuhl.*
*H:* (nimmt den Ordner aus der Tasche und legt ihn unter den Stuhl)

### Frage-Antwort

Beispiel: *S: Hast du Geschwister?*
*H: Ja. / Nein.*

### Lehrerfrage-Schülerantwort

Beispiel: *S: Wie heißt das Land, über das wir gestern gesprochen haben?*
*H: Schweden.*
*S: Nein, es war die Schweiz.*

### Erklären / Begründen

Beispiel: *S: Warum warst du gestern nicht im Kindergarten?*
*H: Ich war krank.*

### Schenken

Beispiel: *S: Alles Gute zum Geburtstag. Ich habe dir ein Geschenk mitgebracht.*
*H: Danke.*
*S: Bitte. Keine Ursache.*

### Sich-Verabschieden

Beispiel: *S: Tschüss / Auf Wiedersehen /...*
*H: Tschüss / Auf Wiedersehen /...*

Diese Muster sind uns eigentlich gar nicht bewusst, weil wir sie z.T. so früh und unbewusst lernen. Sie erscheinen uns selbst-verständlich. Doch gerade an stark automatisierten Handlungsmustern wie z.B. dem Sich-Begrüßen scheiden sich die Geister bzw. die kulturellen Gepflogenheiten und es kommt nicht selten zu Konflikten: Wer grüßt wen

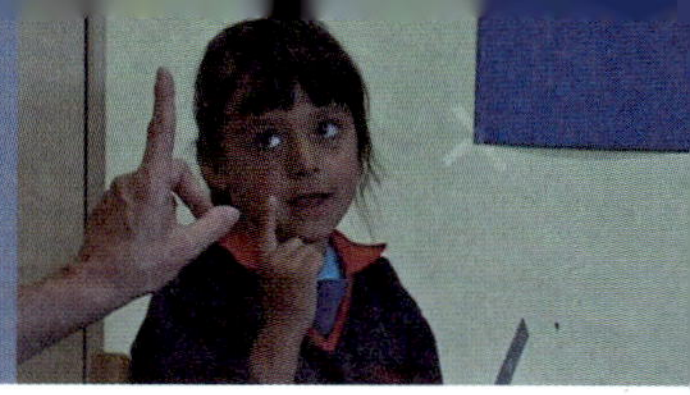

zuerst? Reicht ein Zunicken oder gibt man sich die Hand? Schaut man sich dabei in die Augen oder nicht? Gibt man Küsschen – auf die Wange, auf den Mund, auf die Stirn? Begrüßt man Männer anders als Frauen und diese wieder anders als Kinder?

Wer Sprache vermitteln will, darf die Handlungsmuster nicht aus den Augen verlieren. Manche Muster lassen sich auf der Verbalisierungsebene von einer Sprache in die andere übertragen, aber wir können nicht davon ausgehen, dass das immer so ist. So beschreiben Chinesen ein Bild möglicherweise anders als Amerikaner es tun. Und bestimmt hat das Erzählen im Arabischen eine andere Struktur und einen anderen Aufbau als im Deutschen.

## Wortschatz und Grammatik

Welche Wörter sollte ein Kind kennen, bis es in die Schule kommt?

Sicherlich wird von einem Schulkind erwartet, dass es ein *Schwein* benennen kann, aber muss es auch schon wissen, dass das weibliche Tier als *Sau* und das männliche als *Eber* bezeichnet wird? Ist es wichtig, dass es weiß, dass es zwar *das Schwein*, aber *die Sau* und *der Eber* heißt? Sollte es darüber hinaus Wortbildungen wie *Hausschwein* und *Wildschwein* kennen? Fragen, die wohl nicht in gänzlicher Allgemeingültigkeit beantwortet werden können. Für den Wortschatz gibt es jedoch bereits vielerlei Listen, auf die man diesbezüglich zurückgreifen kann (z.B. Wörterbücher für die Grundschule).

Aber: Welche grammatischen Strukturen sollte ein Kind anwenden können, bis es in die Schule kommt?

Versuchen wir, uns diesen Fragen anzunähern, wobei auch hier nicht der Anspruch auf Vollständigkeit erhoben werden kann. Mit der folgenden Übersicht begeben wir uns auf eine übergeordnete, eine metasprachliche Ebene. Sie soll uns als Kursleitungen u.a. dabei helfen, unsere eigene Sprachförderarbeit genauer zu definieren und den spezifischen Förderbedarf der Kinder präziser benennen zu können.

**Namenwörter** (Nomen; Hauptwort; Dingwort; Nennwort)
Fachausdruck: **Substantiv**
Beispiele: *Pferd, Kleid, Sessel, Mutter, Strumpf, Buch, Ampel, Burg, Känguru*

**Mehrzahlbildung**
Fachausdruck: **Pluralbildung**
Beispiele: *Pferde, Kleider, Sessel, Mütter, Strümpfe, Bücher, Ampeln, Burgen, Kängurus*

**Begleiter** (Geschlechtswort)
Fachausdruck: **Artikel, bestimmter und unbestimmter**
Beispiele: *der/die/das // die; ein/eine/ein // --*

**Zusammengesetzte Wörter/Wortbildung**
Fachausdruck: **Komposita**
Beispiele: *Käsebrot, Wurstbrot, Hausschuhe*

**Eigenschaftswörter** (Wiewort)
Fachausdruck: **Adjektiv**
Beispiele: *warm, gut, grün*

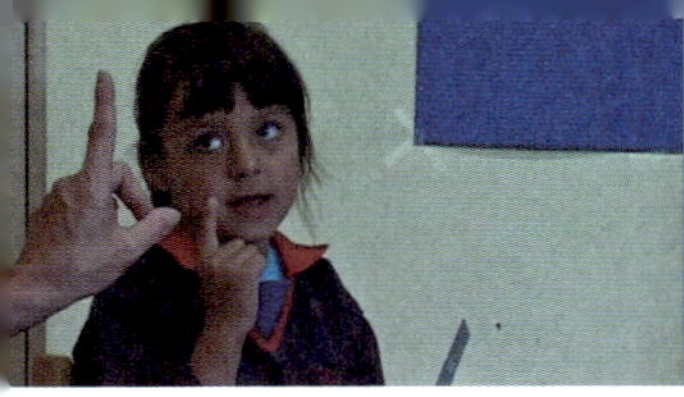



**Steigerungsformen** des Eigenschaftswortes: Grundstufe, Höherstufe, Höchststufe
Fachausdruck: **Positiv, Komparativ und Superlativ**
Beispiele: *warm – wärmer – am wärmsten; gut – besser – am besten*

**Übereinstimmung** zwischen Begleiter, Namenwort und Eigenschaftswort (Beugung)
Fachausdruck: **Kongruenz** zwischen Artikel, Substantiv und Adjektiv (Deklination) ...

**a) im Wer-Fall** (1. Fall)
Fachausdruck: **Nominativ**
Beispiele: *Das ist/sind ...*

| | |
|---|---|
| *der kluge Mann* | *ein kluger Mann* |
| *die kluge Frau* | *eine kluge Frau* |
| *das kluge Kind* | *ein kluges Kind* |
| *die klugen Männer/Frauen/Kinder* | *(–) kluge Männer/Frauen/Kinder* |

**b) im Wen-Fall** (4. Fall)
Fachausdruck: **Akkusativ**
Beispiele: *Ich frage ...*

| | |
|---|---|
| *den klugen Mann* | *einen klugen Mann* |
| *die kluge Frau* | *eine kluge Frau* |
| *das kluge Kind* | *ein kluges Kind* |
| *die klugen Männer/Frauen/ Kinder* | *(–) kluge Männer/Frauen/Kinder* |

**c) im Wem-Fall** (3. Fall)
Fachausdruck: **Dativ**
Beispiele: *Ich gebe es ...*

| | |
|---|---|
| *dem klugen Mann* | *einem klugen Mann* |
| *der klugen Frau* | *einer klugen Frau* |
| *dem klugen Kind* | *einem klugen Kind* |
| *den klugen Männern/Frauen/ Kindern* | *(–) klugen Männern/Frauen/Kindern* |

**d) im Wes(sen)-Fall** (2. Fall)
Fachausdruck: **Genitiv**
Beispiele: *Das ist das Buch ...*

| | |
|---|---|
| *des klugen Mannes* | *eines klugen Mannes* |
| *der klugen Frau* | *einer klugen Frau* |
| *des klugen Kindes* | *eines klugen Kindes* |
| *der klugen Männer/Frauen/Kinder* | *(–) kluger Männer/Frauen/Kinder* |

**Tätigkeitswörter** (Tu(n)wort; Zeitwort)
Fachausdruck: **Verb**
Beispiele: *malen, essen, aufstehen*

**Modalverben**
Erklärung: Verb, das in Verbindung mit dem Infinitiv eines anderen Verbs dessen Inhalt modifiziert
Beispiele (komplett): *dürfen, können, mögen, müssen, sollen, wollen*

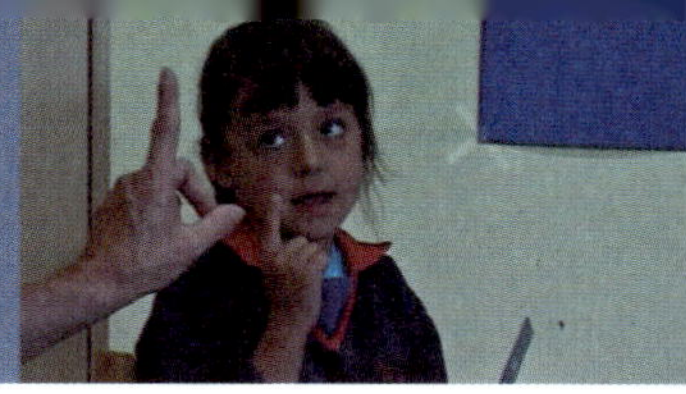

### Tätigkeitswörter in der Gegenwartsform (Beugung)

Fachausdruck: **Verbkonjugation im Präsens**
Beispiele: *malen: (ich) male – (du) malst – (er/sie/es) malt – (wir) malen – (ihr) malt – (sie) malen; essen: esse – isst – isst – essen – esst – essen; aufstehen: stehe auf – stehst auf – steht auf – stehen auf – steht auf – stehen auf*

### Tätigkeitswörter in der zweiten Vergangenheitsform (Beugung)

(vollendete Gegenwart; mündliche Vergangenheit)
Fachausdruck: **Verbkonjugation im Perfekt**
Beispiele: *malen: (ich) habe gemalt – (du) hast gemalt – (er/sie/es) hat gemalt – (wir) haben gemalt – (ihr) habt gemalt – (sie) haben gemalt; essen: habe – hast – hat – haben – habt – haben gegessen; aufstehen: bin – bist – ist – sind – seid – sind aufgestanden*

### Tätigkeitswörter *sein* und *haben* in der Gegenwartsform und in der ersten Vergangenheitsform (Beugung)

Fachausdruck: **Verbkonjugation im Präteritum (Imperfekt)**
Beispiele: *sein: (ich) war – (du) warst – (er/sie/es) war – (wir) waren – (ihr) wart – (sie) waren; haben: hatte – hattest – hatte – hatten – hattet – hatten*

### Tätigkeitswörter in der ersten, unvollendeten Zukunftsform (Beugung)

Fachausdruck: **Verbkonjugation im Futur**
Beispiele: *(ich) werde – (du) wirst – (er/sie/es) wird – (wir) werden – (ihr) werdet – (sie) werden*

### Verbklammer

Erklärung: Auseinanderziehen zweier Bestandteile einer Verbform
Beispiele: *Ich habe (gestern im Kindergarten nach dem Frühstück ein riesengroßes, buntes Bild) gemalt. / Er steht (jeden Morgen um 7 Uhr) auf.*

### Umstellung des Tätigkeitswortes beim Fragesatz (Gegenstellung)

Fachausdruck: **Inversion**
Beispiele: *Ich habe gemalt.* — *Er muss essen.*
*Habe ich gemalt?* — *Muss er essen?*

### Persönliche Fürwörter

Fachausdruck: **Personalpronomen**
Beispiele: *ich – du – er – sie – es – wir – ihr – sie/Sie*

### Zeigewörter, die sich abhängig vom Sprecher ändern

Fachausdruck: **Deixis**
Beispiele:
Personaldeixis: *ich – du/Sie; wir – ihr/Sie; mein – dein/Ihr*
Objektdeixis: *dieser – jener*
Lokaldeixis: *hier – da – dort*

### W-Fragewörter

Fachausdruck: **Interrogativpronomen, Interrogativadverb**
Beispiele: *wer – wo – was – wann – warum – welcher*

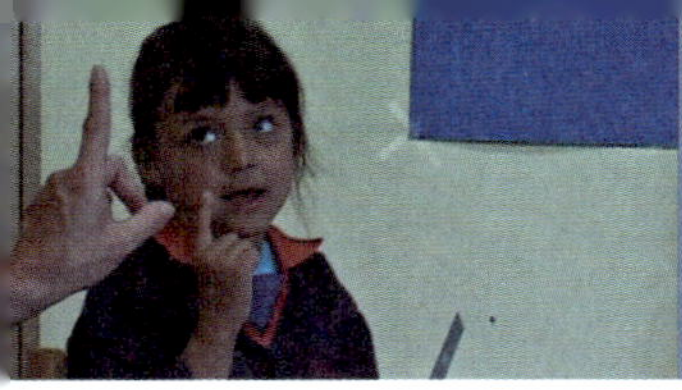



### Formen der Verneinung

Fachausdruck: **Negation**

Beispiele: *nein:* *Möchtest du essen? Nein, danke.*
*kein:* *Ich habe keinen Appetit.*
*nicht:* *Ich möchte nicht.*

### Verhältniswörter

Fachausdruck: **Präposition**

Beispiele: *auf – unter – über – neben – vor – hinter – zwischen – in*

### Umstandswörter des Ortes

Fachausdruck: **Lokaladverb**

Beispiele: *oben – unten – hinten – vorne – rechts – links*

### Bindewörter zwischen Wörtern, Wortgruppen und Sätzen

Fachausdruck: **Konjunktion**

Beispiele: *und – oder – aber – weil – denn*

Nach der Betrachtung dieser Liste – die von einer Gesamterfassung der deutschen Grammatik noch ganz weit entfernt ist – wird deutlich, wie komplex die deutsche Sprache ist und wie viel die Kinder zu lernen und die Förderkräfte zu vermitteln haben. Es ist sehr wichtig, auch die Auseinandersetzung mit diesen Aspekten der Sprachförderung – ähnlich dem Spracherwerb der Kinder – als einen persönlichen Entwicklungsprozess zu sehen. Auch wir als Kursleitungen können und müssen nicht alles auf einmal wissen. Wir sollten uns die Zeit gönnen zu lernen.

# Checkliste bevor es losgeht: Voraussetzungen und Rahmenbedingungen für die Sprachförderung

8

Wer sich mit Enthusiasmus der Sprachförderung nach der KIKUS-Methode widmen will und sie in der eigenen Einrichtung durchführen möchte, sollte sich im Vorfeld unbedingt ein paar organisatorische Gedanken machen. In erster Linie geht es dabei um die gezielte Förderung in der Kleingruppe. Die Leitfragen und Hinweise sind aus meiner eigenen langjährigen Erfahrung im organisatorischen Bereich heraus entstanden.

**FRAGE 1** Wie stehen die Leitung und das Team zur Durchführung einer gezielten Sprachförderung nach der KIKUS-Methode?

Sie können noch so begeistert und überzeugt von der Sache sein, wenn die Leitung und das Team nicht hinter der Sprachförderung stehen, dann haben Sie „schlechte Karten". Sie werden immer einen Einer-Gegen-Alle-Kampf führen müssen. Meistens liegt der Widerstand nicht in der Sache selbst begründet, sondern er hat andere Ursachen, z.B. Vorurteile, Informationsmangel, allgemeine Überforderung, schwierige Personalsituation usw. Versuchen Sie nicht gegenzuhalten, sondern finden Sie die Gründe heraus. Manchmal hilft es, die *KIKUS Informations-DVD* in der Einrichtung zu zeigen oder jemanden einzuladen, der bereits gute Erfahrungen mit dem KIKUS-Programm gemacht hat.

**FRAGE 2** Wie viele Kinder in Ihrer Einrichtung benötigen eine gezielte Sprachförderung im Deutschen?

Nicht selten sind es mehr als 50% der Kinder in einer Einrichtung, die eine Sprachförderung benötigen. Es ist sehr wahrscheinlich, dass Sie diesem Bedarf auf Anhieb nicht gerecht werden können. Akzeptieren Sie das. Möglicherweise wird sich das über die nächsten Jahre ändern, aber im Moment ist das eben so. Wenden Sie sich lieber der nächsten Unterfrage zu:

**FRAGE 3** Wie viele Kinder benötigen die Sprachförderung dringend?

Bei welchen Kindern steht die Einschulung bevor? Welche Kinder haben schwerwiegende individuelle/soziale Schwierigkeiten?
Wenn Sie diese Frage beantwortet haben, wird der Berg möglicherweise gleich ein wenig kleiner aussehen. Vielleicht erübrigt sich bereits die nächste Unterfrage:

**FRAGE 4** Mit wie vielen Kindern können Sie, realistisch gesehen, regelmäßig wöchentlich arbeiten?

Bei der Beantwortung dieser Frage müssen Sie mit sich und Ihrer Einrichtung bzw. Ihren Einrichtungen in zweierlei Hinsicht sehr kritisch sein: hinsichtlich Ihrer persönlichen Belastungsfähigkeit in Bezug auf die Tätigkeit der Sprachförderung und hinsichtlich des zeitlichen Rahmens.

Selbst wenn Ihnen „alle Zeit der Welt" zur Verfügung steht, können Sie nicht eine Sprachfördereinheit nach der anderen „durchziehen". Dann lässt die Qualität Ihrer Arbeit nach, alle Beteiligten verlieren den Spaß und das Ergebnis wird unbefriedigend. Ich persönlich halte mehr als zwei Fördereinheiten nacheinander am Vor- bzw. Nachmittag nicht für

sinnvoll. Und zwischen den Fördereinheiten sollte, wenn möglich, mindestens eine halbe bis eine Stunde Pause liegen. Wenn Sie ausschließlich für die Sprachförderung zuständig sind, müssen Sie natürlich Ihre eigene Belastungsgrenze finden. Wenn Sie normalerweise noch in anderer Form mit Kindern arbeiten (z.B. als Erzieher/in in der Kindertagesstätte, als Grundschullehrkraft, als Heilpädagogin etc.), sollten Sie mit einem oder maximal zwei Kursen pro Woche starten.

Und nun zum zeitlichen Rahmen ...

### FRAGE 5 Wie viel Zeit steht Ihnen wöchentlich für die Sprachförderung zur Verfügung?

60 Minuten Sprachförderung in der Woche bedeuten nicht 60 Minuten Zeitaufwand, sondern 120 Minuten. Vor allem am Anfang brauchen Sie Zeit für eine gute Vorbereitung, für die Materialsuche etc. Das Verhältnis 1:2 bleibt auch bestehen, wenn sie mehrere Kurse durchführen. Unterschiedliche Gruppen brauchen auch unterschiedliche Vorbereitung, zumindest partiell; die Nachbereitungszeit bleibt immer gleich.

Es ist von Anfang an wichtig darauf zu achten, dass Ihnen diese Zeit auch zugestanden wird. Die Erfahrung hat gezeigt, dass gerade dieser Punkt häufig zu Frustrationen führt, weil sich die Kursleitungen in ihrer Freizeit vorbereiten müssen oder auch unvorbereitet in die Sprachförderung gehen. Wenn man vorab konkrete Zeit-Zahlen aushandelt, kann man dieser Missstimmung gut entgegenwirken.

### FRAGE 6 An welchem Tag und um welche Uhrzeit kann welcher Sprachförderkurs regelmäßig stattfinden?

Für jeden Kurs muss ein konkreter Tag und eine konkrete Uhrzeit festgelegt werden, damit sich alle darauf einstellen können: die Mitarbeiter/innen, die Kinder, die Eltern und vor allem auch Sie selbst. Es kommt häufiger vor, dass man am Anfang denkt: Die Sprachförderung mache ich, wenn ich Zeit habe. Das funktioniert ganz sicher nicht, nicht mal bei nur einem Kurs!

Die Konzentration ist bei den Kindern und auch bei uns am Morgen besser als am späten Vormittag oder gar am Nachmittag. Versuchen Sie in diesem Sinne, die Sprachförderkurse so früh wie möglich durchzuführen. Wenn das nicht geht, versuchen Sie es mit dem Vormittag und falls das auch nicht geht, weichen Sie auf die Zeit zwischen 14.30-16.30 Uhr aus.

### FRAGE 7 In welchem Raum kann der Sprachförderkurs regelmäßig stattfinden?

Diese Frage ist nicht so banal, wie sie zunächst klingen mag. Es wurde ja bereits gesagt, dass der Sprachförderkurs in einem gesonderten Raum stattfinden muss, also z.B. nicht in einer Ecke des Gruppenraumes stattfinden kann, in dem auch die anderen Kinder gerade spielen.

Ich habe in vielen, vielen verschiedenen Räumen gearbeitet und habe immer versucht flexibel zu bleiben, aber manchmal bin auch ich an meine Grenzen gestoßen. Dazu vielleicht eine kleine Anekdote: Ich hatte einen Kurs in einem wirklich netten Kindergarten. Etwa die Hälfte der Kinder in meiner Gruppe waren Dreijährige. Der Raum, den man uns zur Verfügung stellte , war ca. 12 qm groß. Der Mittelteil war ausgefüllt mit Tischen, um die herum die Stühle angeordnet waren. Hinter den Stühlen war so viel Platz, dass man den Stuhl herausziehen und sich hinsetzen konnte. Dann stieß man hinten an.

Allerdings war es nicht die Wand, an die man stieß. Denn die Wände waren vollkommen bedeckt von Regalen und Schränken, in denen alle Spiele, Bücher und Bastelmaterialien aufbewahrt wurden, die in den Gruppen gerade nicht gebraucht wurden. Ein Paradies für meine „Zwerge", eine besondere Herausforderung für mich ...

Wie sollte also ein Raum für einen Sprachförderkurs optimalerweise beschaffen sein?

- Der Raum sollte lieber zu groß als zu klein sein. Gut geeignet sind Turnräume, Gruppenräume oder Klassenzimmer. Es ist wichtig, hin und wieder einen Szenenwechsel schaffen zu können (z.B. Stuhlkreis, Teppich, Bewegungsspiel).
- Der Raum sollte so leer wie möglich sein, um so wenig Ablenkung wie möglich zu schaffen.
- Der Raum sollte möglichst kein Durchgangszimmer sein, damit die Konzentration im Raum und bei der Gruppe bleiben kann.
- Der Raum sollte natürliches Licht haben. Allerdings können schöne große Fenster im Erdgeschoss, durch die man permanent auf die anderen Kinder blickt, die gerade draußen mit Wasser spielen oder immer wieder ihre Nasen interessiert an die Scheiben drücken, auch hinderlich sein.
- Der Raum sollte relativ ruhig sein. Ein hoher Lärmpegel von außen mindert die Möglichkeiten Spannung aufzubauen.

Es ist recht unwahrscheinlich, dass jeder einen Raum zur Verfügung hat, in dem alle Kriterien erfüllt sind, aber eine Annäherung ist sicherlich möglich. Eine letzte Anmerkung: Tische sind, zumindest bei der Sprachförderung der Drei- bis Sechsjährigen vollkommen unnötig.

## FRAGE 8 Wird es Ihnen möglich sein, den Sprachförderkurs kontinuierlich durchzuführen?

Kontinuität ist das A und O bei der Sprachförderung. Dabei ist es unerheblich, ob die Förderung ein-, zwei- oder dreimal wöchentlich stattfindet. Die Kinder müssen sich darauf verlassen können, die Eltern und alle anderen auch. Ist es Ihnen möglich, die nötige Kontinuität zu gewährleisten? Welche Position haben Sie innerhalb der Einrichtung? Können Sie sich darauf festlegen, dass Sie Ihren Kurs regelmäßig am Dienstag um 8.30 Uhr anfangen? Oder müssen Sie da vielleicht öfter mal zur Dienstbesprechung oder Elterngespräche führen oder eine Fortbildung halten oder ... Überprüfen Sie diese Fragen unbedingt im Vorfeld.

## FRAGE 9 Was passiert, wenn Engpässe entstehen? Personalsituation, eigener Ausfall?

„Monika, Susanne ist heute krank. Du musst sie in der Marienkäfergruppe vertreten. Dein Sprachförderkurs muss heute ausfallen." So etwas hat jede KIKUS-Kursleitung, die normal in einer Einrichtung tätig ist, schon mal gehört und auch befolgt. Das kann natürlich mal passieren. Wichtig ist, dass es bei „mal" bleibt und nicht häufiger vorkommt. Sonst greift die vorhergehende Frage, ob die Kontinuität zu gewährleisten ist.

Ganz entscheidend in solchen Situationen ist die Haltung des Teams zur Sprachförderung (damit wären wir wieder bei der ersten Frage). Je wichtiger die Sprachförderung genommen wird, desto weniger wird sie infrage gestellt, desto mehr wird man sich nach anderen Lösungen für den oben beschriebenen Fall umschauen.

Trotzdem kann es natürlich „mal" dazu kommen, das der Sprachförderkurs ausfällt. Dann gibt es mindestens zwei Möglichkeiten, diesem Fall zu begegnen:

- Die Sprachfördereinheit wird nachgeholt, und zwar entweder in der gleichen Woche an einem anderen Tag oder am Ende des Kurses. Oder auch in den Ferien, falls alle Kinder da sein sollten (das geht natürlich nicht in der Schule). Dazu ist es wichtig, dass man im Vorfeld die Anzahl der Fördereinheiten klar festlegt, die man über das Schuljahr hinweg durchführen wird.
- Die Sprachfördereinheit wird von einer anderen Person durchgeführt, weil mindestens zwei Personen in der Einrichtung als KIKUS-Kursleiter/innen tätig sind. Man kann sich also gegenseitig vertreten.

### FRAGE 10 Wann und wie sollen die Eltern informiert werden? Eltern-Informationsveranstaltung, Elternbrief, Elterngespräch?

Wenn wir die Eltern mit ins Boot holen wollen, müssen wir sie natürlich informieren. Verschiedene Wege sind möglich und sinnvoll. Die Entscheidung hängt von dem Charakter, den Erfahrungen und den Gewohnheiten Ihrer Einrichtung ab. Wir haben mit Informationsveranstaltungen bisher überwiegend gute Erfahrungen gemacht: Zum einen sind sie weniger zeitaufwendig als Einzelgespräche, zum anderen direkter und persönlicher als Elternbriefe. Und zum dritten stärken sie die betroffene Eltern-Gemeinschaft.

Wir laden Eltern auch dazu ein, gelegentlich bei der Sprachförderung dabei zu sein, aktiv zu hospitieren. Aus solchen Besuchen haben sich schon des öfteren KIKUS Eltern-Kind-Kurse ergeben.

Eine weitere Möglichkeit, die Eltern in die Sprachförderarbeit einzubinden, sind gemeinsame Feste. Die Eltern können zum Abschlussfest des KIKUS-Kurses eingeladen werden und/oder die KIKUS-Kinder führen beim Sommerfest der Einrichtung etwas vor.

### FRAGE 11 Sollen die Eltern etwas für die Sprachförderung bezahlen? Wie viel? Materialgeld, Gebühren?

Hier kommen wir zu einer wichtigen Grundsatzfrage. Grundsätzlich bin ich persönlich der Meinung, dass Sprache die Basis für Bildung und Bildung die Basis einer gesunden Gesellschaft ist. Alle sollten den gleichen Zugang zu Bildung haben und deshalb sollte eine qualitativ hochwertige Sprachförderung für jedes Kind kostenlos sein.

Auf der anderen Seite besteht häufig die gängige Ansicht „Was nichts kostet, ist nichts wert". Das ist natürlich sehr unvorteilhaft, wenn man die Eltern einbinden möchte. Deshalb sollten die Eltern – sofern sie in der Lage dazu sind – zumindest die Materialien, die man für die Sprachförderung benötigt, mitfinanzieren. Die meisten Eltern sind meiner Erfahrung nach auch bereit dazu. Vielleicht sollten wir an dieser Stelle auch unsere eigene Haltung gegenüber unseren „ausländischen" Mitbürgern überprüfen. Viele von ihnen leben in einer ähnlichen finanziellen Situation wie wir selbst.

Die Höhe des Materialgeldes müssen Sie selbst festlegen. In den von uns durchgeführten KIKUS-Kursen rechnen wir pro Kind folgendes ein: *KIKUS Arbeitsblätter, KIKUS Lieder-CD* (für zu Hause), *KIKUS Liederheft, KIKUS Bildkärtchen;* 1 festen, schmalen Ordner, 1 Packung Holzfarbstifte (12 St.), 1 Stofftasche, 1 Plastikumschlag für die *KIKUS Bildkärtchen*, evtl. Schere und Kleber; Zusatzkosten für Ausflüge und Feiern

**FRAGE 12** Wie werden Sie Ihre Arbeit dokumentieren? Sprachstandserhebungen, Protokolle, Kinderbeobachtungen, Kinderbeurteilungen, Gesamtbericht?

Manchmal erledigt sich diese Frage von selbst, weil man ganz konkrete Vorgaben hat. Falls dem nicht so ist, muss die Einrichtung bzw. die Sprachförderkraft die Fragen für sich selbst beantworten:

Macht es Sinn, dass ich jedes Kind im Vorfeld teste? Welche Sprachstandserhebungsverfahren sind überhaupt für mehrsprachige Kinder geeignet? Merkt man nicht sowieso, wenn ein Kind eine Sprachförderung braucht? Kann ich überhaupt testen, bin ich dafür ausgebildet? Muss ich hinterher jedes Kind noch mal testen? Sollte ich jede Sprachfördereinheit protokollieren? Jede Woche oder einmal im Monat? Jeden Kurs für sich oder alle zusammen? Wie umfangreich muss so ein Protokoll sein? Muss nur ich es hinterher verstehen oder auch noch eine andere Person? Was nützt mir so ein Protokoll? Habe ich überhaupt die Zeit dafür?

All diese Fragen sollten Sie sich stellen, bevor Sie mit der Sprachförderung beginnen. Wenn Sie sich erst nach mehreren Sprachfördereinheiten entscheiden, wissen Sie nicht mehr, wie es am Anfang war. Auch hier gibt es keine goldenen Regeln. Ich kann Ihnen an dieser Stelle nur sagen, wie wir in den von uns durchgeführten KIKUS-Kursen damit umgehen. Es hat sich bewährt, alle Kursleiter/innen zu bestimmten Dokumentationsformen zu verpflichten.

Dazu gehören:

- die Planung und Protokollierung jeder einzelnen Sprachfördereinheit für jeden Kurs
- das Notieren von sprachlichen Beobachtungen zu jedem Kind nach jeder Sprachfördereinheit
- das Verfassen einer Beurteilung (Sprachentwicklungsbeschreibung) für jedes Kind am Ende jedes Schuljahres

Im Gegenzug verzichten wir bisher auf:

- Sprachstandserhebungen
- die Dokumentation in Form eines Gesamtberichts

**FRAGE 13** Mit wem können Sie sich über die Sprachförderung austauschen?

Der Austausch mit anderen Personen über die Sprachförderarbeit und über die Entwicklung der uns anvertrauten Kinder ist ein wichtiger Aspekt, den man nicht vernachlässigen sollte. Über die Entwicklung einzelner Kinder kann man sich häufig gut im Team besprechen. Wenn man jedoch keine andere Person kennt, die auch in Sprachförderarbeit tätig ist, verliert man sich schnell in der eigenen Routine. Sich mit anderen über Fördermaterialien, didaktische Tipps, Strategien etc. auszutauschen, heißt, die eigene Arbeit und die des anderen zu befruchten. Suchen Sie sich, wenn eben möglich, (einen) Partner! Und besuchen Sie die Fort- und Weiterbildungen!

# Literaturliste


Brizinter, Michaela / Damm, Verena (1999) **Grammatik sehen.** Ismaning: Hueber

Ehlich, Konrad (1986, 1996$^{3}$) **Funktional-pragmatische Kommunikationsanalyse.** Ziele und Verfahren. In: Hoffmann, Ludger (Hg.) Sprachwissenschaft. Berlin, New York: de Gruyter, Seite183-201

Ellabbad, Mohieddin (2003, 2. Auflage) **Das Notizbuch des Zeichners.** Zürich: Atlantis verlag pro juventute

Fleischer, Wolfgang / Barz, Irmhild / Schröder, Marianne (1995) **Wortbildung der deutschen Gegenwartssprache.** Tübingen: Niemeyer

Garlin, Edgardis (2000; 2008, 2. erweiterte Auflage) **Bilingualer Erstspracherwerb.** Sprachlich handeln - Sprachprobieren - Sprachreflexion. Münster: Waxmann

Guadatiello, Angela (2003) **KIKUS – Sprachförderung Deutsch für Kinder im Vor- und Grundschulalter.** Projektdokumentation - Linguistische Analysen - Empfehlungen. München: Zentrum für kindliche Mehrsprachigkeit

Rehbein, Jochen (1977) **Komplexes Handeln.** Elemente zur Handlungstheorie der Sprache. Stuttgart: Metzler

Soukup, Katharina (1996) **„Das hab' ich alles geschrieben!" Wie Primarschulkinder in einer Schreibwerkstatt ihre Herkunft und Umwelt reflektieren.** In: Auernheimer, Georg/ Gstettner, Peter (Herausgeber) Jahrbuch für Pädagogik. Pädagogik in multikulturellen Gesellschaften. Frankfurt a.M.: Lang, Seite 299-321

Triarchi-Herrmann, Vassilia (2003): **Mehrsprachige Erziehung.** Wie Sie Ihr Kind fördern. München: Ernst Reinhardt Verlag

Wendlandt, Wolfgang (2000, 4. Auflage) **Sprachstörungen im Kindesalter.** Stuttgart: Georg Thieme Verlag

# Anhang
# (Kopiervorlagen)

# CHECKLISTE
# Organisatorische Voraussetzungen für die Sprachförderung nach der KIKUS-Methode

| *Frage* | | *Antwort* | *Was ist zu tun?* |
|---|---|---|---|
| 1 | **Wie stehen die Leitung und das Team zur Durchführung einer gezielten Sprachförderung nach der KIKUS-Methode?** | | |
| 2 | **Wie viele Kinder in Ihrer Einrichtung benötigen eine gezielte Sprachförderung im Deutschen?** | | |
| 3 | **Wie viele Kinder benötigen die Sprachförderung dringend?** Bevorstehende Einschulung, schwerwiegende individuelle/ soziale Schwierigkeiten? | | |
| 4 | **Mit wie vielen Kindern können Sie, realistisch gesehen, regelmäßig wöchentlich arbeiten?** | | |
| 5 | **Wie viel Zeit steht Ihnen wöchentlich für die Sprachförderung zur Verfügung?** | | |
| 6 | **An welchem Tag und um welche Uhrzeit kann welcher Sprachförderkurs regelmäßig stattfinden?** | | |
| 7 | **In welchem Raum kann der Sprachförderkurs regelmäßig stattfinden?** | | |
| 8 | **Wird es Ihnen möglich sein, den Sprachförderkurs kontinuierlich durchzuführen?** | | |
| 9 | **Was passiert, wenn Engpässe entstehen?** Personalsituation, eigener Ausfall? | | |
| 10 | **Wann und wie sollen die Eltern informiert werden?** Eltern-Informations-Veranstaltung, Elternbrief, Elterngespräch? | | |
| 11 | **Sollen die Eltern etwas für die Sprachförderung bezahlen? Wie viel?** Materialgeld, Gebühren? | | |
| 12 | **Wie werden Sie Ihre Arbeit dokumentieren?** Sprachstandserhebungen, Protokolle, Kinderbeobachtungen, Kinderbeurteilungen, Gesamtbericht? | | |
| 13 | **Mit wem können Sie sich über die Sprachförderung austauschen?** | | |

# Einladung

| | |
|---|---|
| Wann? | |
| Wo? | |

**Liebe Eltern, liebe Interessierte!**

In Kürze beginnt der „Deutschkurs“ für Ihr Kind. Wir freuen uns sehr darüber, dass so viele Eltern sich entschlossen haben, ihre Kinder dazu anzumelden.

Die KIKUS-Sprachförderung DEUTSCH soll Ihre Kinder unterstützen, im Alltag und in der Schule besser zurechtzukommen. Die Kinder, die bisher an unseren Kursen teilgenommen haben, sind sehr gerne gekommen und haben große persönliche Fortschritte gemacht.

Themen der Elterninformation sind:

- Was machen wir im Deutschkurs? Wie lernen wir?
- Wie können die Eltern ihrem Kind helfen? Wie können wir auch die Familiensprache/n fördern?
- Fragen, Fragen, Fragen ...
- Sonstiges: (von der Einrichtung auszufüllen)

**Es ist sehr wichtig für Ihr Kind, dass die Eltern, der Sprachförderungskurs und die Einrichtung, in der der Kurs stattfindet, gut zusammenarbeiten. Deshalb sollten Sie unbedingt zur Elterninformation kommen!**

Wir freuen uns auf Sie

# Elterninfo KIKUS Sprachförderung für Kinder

Formular kopieren und diesen ersten Abschnitt vor dem Vervielfältigen ausfüllen!

| **KURS** | |
|---|---|
| Dauer des Kurses: | |
| Wochentag/e und Uhrzeit: | |
| Anzahl der Fördereinheiten insgesamt: | |
| Dauer einer Fördereinheit in Min.: | |
| Frequenz (z.B. 1 x pro Woche): | |
| Kosten: | |
| Kursleitung: | |

Themen / Wortschatz:

ICH – DU
ZAHLEN / FARBEN / LERNUTENSILIEN
KÖRPER
KLEIDUNG
TIERE
WEIHNACHTEN
FERIEN / FREIZEIT / REISEN / LÄNDER / SPRACHEN
ESSEN
FASCHING/KARNEVAL
WOHNEN
LEBENSWELT
OSTERN
ZEIT / JAHRESZYKLUS / WOCHENTAGE
SPIELEN / SPIELSACHEN
BERUFE
KINDERGARTEN / SCHULE

Arbeitsformen:

- **Tasche + Mappe + Farbstifte**: Bitte immer mitgeben!
- **CD**: CD-Spieler vorhanden? CD häufig anhören!
- **Hausaufgaben** (Wortschatz): Bitte zu Hause mithelfen!
- **Foto / Video**: Präsentation des Materials (z.B. Feste)

Zusammenarbeit:

- Deutschkurs – Kindergarten – Elternhaus
- Förderung der Erstsprache/n zu Hause
- Wie ist Ihre Einstellung zum Deutschlernen?
- Sind Sie bereit, die Förderarbeit zu unterstützen?

# TIPPS
# zur Durchführung einer KIKUS Eltern-Informationsveranstaltung

**Begrüßung und Vorstellungsrunde**

- Einrichtungsleitung, KIKUS-Kursleitung
- Teilnehmer/innen (TN): Name, Mutter/Vater von ..., Familiensprache/n

**Organisatorische Aspekte** (Daten siehe Handout)

- Handout ausgeben
- Kursinformationen allgemein
  - Dauer des gesamten Kurses (Beginn – Ende)
  - Wochentag/e und Uhrzeit
  - Anzahl und Dauer der Fördereinheiten
  - Frequenz
  - Schulferien
- Alle Einheiten finden statt bzw. werden nachgeholt
- Kosten (und evtl. Finanzierungshilfen)
- Erklärung des KIKUS-Dreiecks (KIKUS-Kurs – Einrichtung – Elternhaus)

**Kurs-Inhalte / Themen**

- Siehe Handout
- Wortschatz, Grammatik, sprachliche Handlungsmuster

**Praktische Demonstration der KIKUS-Methode**

- **Zaubersack**
  - Inhalt: Lernmaterialien für die Kinder (Ordner mit KIKUS Arbeitsblättern und KIKUS Liederheft, Stifte, Stofftasche, Behältnis für Bildkärtchen, KIKUS CD) + Lehrmaterialien (KIKUS Bildkarten, Mimi & Momo Puppen, Buch, Fotoapparat etc.)
  - Mit dem Zaubersack herumgehen und die TN fühlen lassen. KL: „Was könnte in dem Zaubersack sein?“ – TN: „Ein OBJEKT“
  - TN die Objekte aus dem Zaubersack ziehen lassen
  - Information, was die Kinder an Lernmaterialien bekommen (mit Bezug auf das Materialgeld)
  - Kurze Information über die Lehrmaterialien
  - Demonstration der KIKUS Bildkarten (z.B. Artikelarbeit, Wortbildung, Satzbildung)
- **Spiel**
  - Durchführung eines Spiels mit den Eltern (z.B. Teddy-Puzzle)
  - Erklärung der „Hausaufgaben“ (z.B. Arbeitsblatt Teddy)
  - Wichtigkeit der Erstsprachen bzw. der Förderung von Mehrsprachigkeit betonen

**Beantworten offener Fragen**

**Ausgabe der Anmeldeformulare** (optional; evtl. gemeinsames Ausfüllen)

# ANMELDEFORMULAR
# für die Teilnahme eines Kindes an einem KIKUS-Sprachförderkurs

Formular kopieren und diesen ersten Abschnitt vor dem Vervielfältigen ausfüllen!

| **EINRICHTUNG** (z.B. Stempel): | **KURS** |
|---|---|
| | Schuljahr bzw. Zeitraum: |
| | Anzahl der Fördereinheiten insgesamt: |
| | Dauer einer Fördereinheit in Min.: |
| | Frequenz (z.B. 1 x pro Woche): |
| | Wochentag/e und Uhrzeit: |
| | Kosten: |

**Hiermit melde ich unser Kind verbindlich zum KIKUS-Sprachförderkurs an.**

## KIND

| | |
|---|---|
| Vorname/n: | Familienname: |
| Geschlecht: ❍ weiblich ❍ männlich | Nationalität: |
| Erstsprache/n: | |
| Geburtsdatum und -ort: | |
| Lebt im deutschsprachigen Raum seit: | |
| Sonstiges: | |

## ELTERN / ERZIEHUNGSBERECHTIGTE

| | |
|---|---|
| Vor- und Familienname/n: | |
| Adresse: | |
| Postleitzahl und Ort: | |
| Telefon: | Mobil: |
| Fax: | E-Mail: |

**EINVERSTÄNDNISERKLÄRUNG**

Im KIKUS-Kurs arbeiten wir auch mit Fotos, Audio- und Videoaufnahmen. So braucht z.B. jedes Kind ein Foto für seine persönliche Arbeitsmappe. Dürfen von Ihrem Kind Fotos, Audio- und Videoaufnahmen gemacht werden?

❍ ja ❍ nein

| **Datum:** | **Unterschrift:** |
|---|---|
| | |

# ANMELDEFORMULAR Zusatzinformationen

Wir möchten Ihr Kind beim Deutschlernen so gut wie möglich unterstützen. Deshalb benötigen wir noch einige Informationen. Hier bitten wir Sie um Ihre freiwillige Mithilfe!

**Name des Kindes:**

Wie viele Geschwister hat Ihr Kind?

Vorname/n und Alter der Schwester/n:

Vorname/n und Alter des Bruders / der Brüder:

Welche Kindertagesstätten hat Ihr Kind bisher besucht (0-3 Jahre, 3-6 Jahre)?

Wer betreut Ihr Kind sonst noch?

Welche Sprache/n wird/werden in Ihrer Familie gesprochen?

Welche Sprache/n soll Ihr Kind in seiner Kindheit bzw. Jugend lernen?

Sprechen Sie Deutsch? Bitte schätzen Sie Ihre eigenen Sprachkenntnisse selbst ein:

Mutter ❍ sehr gut ❍ gut ❍ mittel ❍ wenig ❍ sehr wenig ❍ gar nicht

Vater: ❍ sehr gut ❍ gut ❍ mittel ❍ wenig ❍ sehr wenig ❍ gar nicht

| | |
|---|---|
| Schul- und Berufsausbildung der Mutter: | Heutige Tätigkeit der Mutter: |
| Schul- und Berufsausbildung des Vaters: | Heutige Tätigkeit des Vaters: |

Warum soll Ihr Kind an der Sprachförderung teilnehmen?

Wichtig für die Förderung in der Muttersprache: Welche Personen können mit Ihrem Kind zusammen die Hausaufgaben machen?

Wir bedanken uns für das geduldige Ausfüllen dieses Formulars und freuen uns auf eine gute Zusammenarbeit mit Ihnen!

# KIKUS PLANUNG / PROTOKOLL

| | | | |
|---|---|---|---|
| *Einrichtung / Kurs:* | | *Kursleitung:* | *Beisitz:* |
| *Sitzung:* | *Datum:* | *Thema:* | |
| *Materialien:* | | | |

| *Phase* | *Arbeitsformen / Spiele* | *Sprachliche Äußerungen* (KL=Kursleitung/ Ki=Kinder) | *Wortschatz* (zu lernende Wörter) | *Grammatik* | *Handlungsmuster* |
|---|---|---|---|---|---|
| | | | | | |

# KIKUS PLANUNG / PROTOKOLL (Fortsetzung)

| **Phase** | ***Arbeitsformen / Spiele*** | ***Sprachliche Äußerungen*** *(KL=Kursleitung/ Ki=Kinder)* | ***Wortschatz*** *(zu lernende Wörter)* | ***Grammatik*** | ***Handlungsmuster*** |
|---|---|---|---|---|---|
| | | | | | |

# Was soll ein Kind durch die Sprachförderung lernen?

## Sprachliche Handlungsmuster

**Sich-Begrüßen**
**Zählen**
**Raten**
**Aufforderung**
**Bitte**
**Einfache Aussage / Assertion**
**Erzählen** (Assertionsverkettung)
**Beschreiben** (Assertionsverkettung)
**Handlungsanweisung**
**Frage-Antwort**
**Lehrerfrage-Schülerantwort**
**Erklären / Begründen**
**Schenken**
**Sich-Verabschieden**

## Wortschatz und Grammatik

| *Deutsche Bezeichnung* | *Fachausdruck / Erklärung* | *Beispiele* |
|---|---|---|
| **Namenwörter** (Nomen; Hauptwort; Dingwort; Nennwort) | **Substantiv** | *Pferd, Kleid, Sessel, Mutter, Strumpf, Buch, Ampel, Burg, Känguru* |
| **Mehrzahlbildung** | **Pluralbildung** | *Pferde, Kleider, Sessel, Mütter, Strümpfe, Bücher, Ampeln, Burgen, Kängurus* |
| **Begleiter** (Geschlechtswort) | **Artikel,** bestimmter und unbestimmter | *der / die / das // die; ein / eine / ein // -* |
| **Zusammengesetzte Wörter** | **Wortbildung / Kompositum** | *Käsebrot, Wurstbrot, Hausschuhe* |
| **Eigenschaftswörter** (Wiewort) | **Adjektiv** | *warm, gut, grün* |
| **Steigerungsformen** des Eigenschaftswortes: Grundstufe, Höherstufe, Höchststufe | **Positiv, Komparativ und Superlativ** | *warm – wärmer – am wärmsten*<br>*gut – besser – am besten* |
| **Übereinstimmung** zwischen Begleiter, Namenwort und Eigenschaftswort (Beugung) | **Kongruenz** zwischen Artikel, Substantiv und Adjektiv (Deklination) ... | |
| **a) im Wer-Fall** (1. Fall) | **Nominativ** | *Das ist der kluge Mann.*<br>*Das ist ein kluger Mann.* |
| **b) im Wen-Fall** (4. Fall) | **Akkusativ** | *Ich frage den klugen Mann.*<br>*Ich frage einen klugen Mann.* |
| **c) im Wem-Fall** (3. Fall) | **Dativ** | *Ich gebe es dem klugen Mann.*<br>*Ich gebe es einem klugen Mann.* |
| **d) im Wes(sen)-Fall** (2. Fall) | **Genitiv** | *Das ist das Buch des klugen Mannes.*<br>*Das ist das Buch eines klugen Mannes.* |
| **Tätigkeitswörter** (Tu(n)wort; Zeitwort) | **Verb** | *malen, essen, aufstehen* |

# Was soll ein Kind durch die Sprachförderung lernen?

| | | |
|---|---|---|
| **Modalverben** | Verb, das in Verbindung mit dem Infinitiv eines anderen Verbs dessen Inhalt modifiziert | *dürfen, können, mögen, müssen, sollen, wollen* |
| **Tätigkeitswörter in der Gegenwartsform (Beugung)** | **Verbkonjugation im Präsens** | *(ich) male – (du) malst – (er / sie / es) malt – (wir) malen – (ihr) malt – (sie) malen* |
| **Tätigkeitswörter in der zweiten Vergangenheitsform (Beugung)** (vollendetete Gegenwart; mündliche Vergangenheit) | **Verbkonjugation im Perfekt** | *(ich) habe gemalt – (du) hast gemalt – (er / sie / es) hat gemalt – (wir) haben gemalt – (ihr) habt gemalt – (sie) haben gemalt* |
| **Tätigkeitswörter *sein* und *haben* in der ersten Vergangenheitsform (Beugung)** | **Verbkonjugation im Präteritum (Impferfekt)** | *sein: (ich) war – (du) warst – (er / sie / es) war – (wir) waren – (ihr) wart – (sie) waren; haben: (ich) hatte – (du) hattest – er / sie / es) hatte – (wir) hatten –(ihr) hattet – (sie) hatten* |
| **Tätigkeitswörter in der ersten, unvollendeten Zukunftsform (Beugung)** | **Verbkonjugation im Futur** | *(ich) werde – (du) wirst – (er / sie / es) wird – (wir) werden – (ihr) werdet – (sie) werden* |
| **Verbklammer** | Auseinanderziehen zweier Bestandteile eines Verbs | *Ich habe (gestern im Kindergarten nach dem Frühstück ein riesengroßes, buntes Bild) gemalt. / Er steht (jeden Morgen um 7 Uhr) auf.* |
| **Umstellung des Tätigkeitswortes beim Fragesatz** (Gegenstellung) | **Inversion**; Satzstellung mit einem anderen Satzglied als dem Subjekt im Vorfeld | *Ich habe gemalt.*<br>*Habe ich gemalt?* |
| **Persönliche Fürwörter** | **Personalpronomen** | *ich – du – er – sie – es – wir – ihr – sie/Sie* |
| **Zeigewörter, die sich abhängig vom Sprecher ändern** | **Deixis** | Personaldeixis: *ich – du / wir – ihr; mein – dein*<br>Objektdeixis: *dieser – jener*<br>Lokaldeixis: *hier – dort* |
| **W-Fragewörter** | **Interrogativpronomen, Interrogativadverb** | *wer – wo – was – wann – warum – welcher* |
| **Formen der Verneinung** | **Negation** | *Möchtest du essen?*<br>*Nein, danke.*<br>*Ich habe keinen Appetit.*<br>*Ich möchte nicht.* |
| **Verhältniswörter** | **Präposition** | *auf – unter – über – neben – vor – hinter – zwischen – in* |
| **Umstandswörter des Ortes** | **Lokaladverb** | *oben – unten – hinten – vorne – rechts – links* |
| **Bindewörter** zwischen Wörtern, Wortgruppen und Sätzen | **Konjunktion** | *und – oder – aber – weil – denn* |

# ÜBERSICHT
## Grundsätze für die Sprachförderung nach der KIKUS-Methode

1 Schaffen einer spezifischen Lehr-Lern-Situation

2 Lernen mit Spaß in einer angstfreien Situation

3 Jedes Kind kommt dran

4 Erstsprachen zulassen und fördern

5 Mit (möglichst) allen Sinnen lernen

6 Sprache muss in eine Handlung eingebettet sein und immer einen Zweck verfolgen

7 Binnendifferenzierung

8 Mündliche Standardsprache verwenden

9 Langsam, klar und deutlich sprechen

10 Augen- und Körperkontakt einsetzen

11 Mimik und Gestik einsetzen

12 Intonation und das Spiel mit der Stimme einsetzen

13 Kinder schnell in die Sprecherrolle bringen

14 Schnell sprachliche Hilfestellungen geben

15 Loben – loben – loben!

16 Vom passiven zum aktiven Wissen

17 Wiederholen – wiederholen – wiederholen!

18 Vom einfachen zum komplexen Sprechen

19 Eselsbrücken bauen

20 Neues Vokabular limitieren

21 Eine klare Äußerungsvorgabe

22 Fehler in der gelenkten Sprachübung sensibel verbessern

23 Zum Nachsprechen auffordern

24 Chorsprechen

25 Äußerungen zergliedern